文史风华：尚钺传

张彦林 著

郑州大学出版社

图书在版编目（CIP）数据

文史风华：尚钺传 / 张彦林著. — 郑州：郑州大学出版社，
2023.2

ISBN 978-7-5645-9211-0

Ⅰ.①文… Ⅱ.①张… Ⅲ.①尚钺－传记 Ⅳ.①K825.81

中国版本图书馆 CIP 数据核字（2022）第 210702 号

文史风华：尚钺传
WENSHI FENGHUA：SHANG YUE ZHUAN

策划编辑	李勇军	封面设计	孙文恒
责任编辑	孙精精	版式设计	孙文恒
责任校对	暴晓楠	责任监制	李瑞卿

出版发行	郑州大学出版社	地　　址	郑州市大学路40号（450052）
出 版 人	孙保营	网　　址	http://www.zzup.cn
经　　销	全国新华书店	发行电话	0371-66966070
印　　刷	河南瑞之光印刷股份有限公司		
开　　本	710 mm×1 010 mm　1 / 16		
印　　张	17	字　　数	206千字
版　　次	2023年2月第1版	印　　次	2023年2月第1次印刷

书　　号	ISBN 978-7-5645-9211-0	定　　价	45.00元

角色：父亲

尚小卫

别人眼里的尚钺先生在我眼里的第一角色是父亲。这个角色，在我看来不能简单用"好""坏"来评价。小时候感觉他很严厉，随着年岁增加和家庭变故，后来感觉到他越来越多的父爱和亲情，当然也有家族文化的传承。关于这些讲几个我们父子之间的故事吧，体现了父亲教育子女的思想。

那是在母亲去世后。父亲刚刚从"学习班"解放，可以每周末回家住。记得有一天，父亲对我说："你去商场里看看，要是喜欢什么玩具，就跟我说，我给你钱，你自己去买吧。"这话我印象很深，因为那时候每次到人民市场、王府井、西单商场，我都会到卖儿童玩具的柜台前去转悠，看里面的各种电动汽车和各种玩具。可在我印象里，在那之前，父亲好像从来没给我买过什么玩具。当时，我突然感觉父亲变了，好像只要我们小辈能够高兴，其他都算不上什么了。后来，我去了各大商场很多次，但最终也没有向父亲要钱去买那些十几元、几十元一个的"高级"玩具。在当时，十几元、几十元差不多是一个工人一个月的工资了，大概从小约束惯了，"舍不得"花那个钱吧。父亲时不时还会问问我，有中意的玩具没有。这事最终好像不了了之，但是那个"父爱"我收到了。我每次逛商场回来的那份快乐，父亲应当也收到了。这是1969年前后的事情。

那时，我的爱好是做半导体收音机。母亲走后，母亲的大书桌就成了我的工作台，摆满了我的工具、元器件和半成品的半导体收音机。那时候，我上初中，技术也不高，原理也懂的不多，调试其实就是拧拧这、转转那，根据感觉瞎蒙，最大的乐趣是搜寻和接收到莫名其妙地方发来的声音。开始时，父亲很高兴，也很支持我，时常会过来看看，也会问问我进展如何。但是，这样持续了几个月之后，有一天，父亲突然过来，用命令的口气对我说："把你桌上这个摊摊收起来。"我有些晕，本来父亲挺支持我做半导体收音机的，而且也开始宠我了，怎么突然又变得这么严厉了？！我就问父亲："我这有什么不对吗？"父亲的回答让我很诧异。他说："你这叫玩物丧志！不能这样下去了，你应该去读些书。"我那时也还听话，就把我的调试摊子给收了，放到抽屉里，也不再每天下学一到家就去玩那个永远做不完的收音机。

然后，我去问父亲，要读什么书呢？父亲的书单又让我开了眼界，也出乎我的意料。他说："你去看我的《中国历史纲要》！"完全是一种命令的口气，父亲也没解释什么，我也没问什么。我心想，反正我就一张白纸，家里摆着两套柜二十四史，但我对中国历史啥也不知道，他让读就读吧。用了几周，我把父亲主编的《中国历史纲要》读完了，这大概是我人生中第一次阅读一部严肃的文史哲学术著作。读后的第一感觉是这和过去读过的教科书、文学著作不同，它是在系统地讲述一件事情的来龙去脉，并附有相关观点的证据资料：他是在"严肃"地讨论问题，而不是信马由缰地自我放飞思想。另外，我对中国历史的进程也有了一个概括了解。

读完《中国历史纲要》之后，我又问父亲，还读什么书啊？父亲说："你去读《联共（布）党史简明教程》。"这也是一部几十万字的中部头的学术专著。这部书的具体内容现在已经记不太清楚了，还保留的一些感觉就是，这是一部讲述苏联早期共产主义运动的书，涉及共产党内部不同政治观点、派别之间的政治斗争，以及这些政治斗争对苏联共产主义运动发展的影响及论述。看过这部书后，对当年"文革"期间的各种现象就不再觉得迷茫，似乎感觉那就是一种社会发展过程中的自然本质。如果各位感觉对当今世界看不透，不妨去读读这本书，你可能不赞成其中的观点，但是透过这个局部政党和国家发展进程的叙事方法和发生的事情，也许能参透点什么。这大概就是父亲常说的"读史明智"吧。

父亲指点我读的第三本书是恩格斯的著作《英国工业革命和宪章运动》。通过读这本书，我似乎知道了共产主义运动的本质，也似乎知道了共产党所说的"工人阶级"指的是什么——这是一个什么样的社会群体。后来到工厂工作的时候，似乎也是从这样一个视角去审视周边的人和事物。

读过这三部书后，父亲好像没有再给我开过什么书单。我再去问他的时候，他就说你自己到书柜里去找吧，都可以。后来，我自己比较认真地读过《共产党宣言》《资本论》（一、二、三卷）等，再后来还读过哲学、历史、文学等方面的许多书。这时候，我好像就开窍了，人生不再蝇营狗苟，这大概就是有了父亲所说的那个"志向"吧。

这是我们父子之间的一份情义吧，父亲给我最多的大概就是认知世界的眼界。父亲虽然不懂技术，但他看得懂我在做的事情，他会指点我去识别什么事情重要，这也可以算是我能和别人"拼爹"的地方吧。

回过头来，接着还是说我的兴趣爱好——玩无线电、半导体收音机。父亲是在中华民族积贫积弱的时期成长起来的一代知识分子，他们骨子里都有一种对科学的崇拜，那个时代的一个口号就是"科学救国"。所以，他一直鼓励我们几个子女去学理工，对我也不例外。记得有一次他看我在做线圈，就说："过来，我教你，这个我学过。"我只知道父亲写过小说，教过历史，但从来没听谁说过他学过无线电这种纯理工科的知识。我好奇，就问起父亲啥时候学的无线电技术。没想到这一问，牵出了父亲一段神秘的往事。

他说，那个时候在东北任中共北满省委秘书长，因为和当时的满洲省委书记罗某政见不合，被开除出党。父亲是一个坚定的共产主义者，虽然被开除出党，但是他仍没有放弃理想和自己的政治主张。父亲说他不服气，要去找党，要去共产国际申诉。于是他就渡过黑龙江，到海参崴（即符拉迪沃斯托克）找共产国际申诉，这样他就去了苏联。父亲说，到海参崴以后，他联系上的是当时共产国际远东情报局（由于年代久远，又是口述记忆，这个机构名称是否准确，有待核实）。关于组织关系的申诉，那个机构是否办理了，不得而知。但是，远东情报局对父亲进行了培训并指派了任务确是个事实。在远东情报局，父亲接受培训，学习使用无线电收发报机的相关技术，包括电码发报技术。关于电流、电压计量单位的名称，电文的编码长短搭配，父亲都还记得，并演示给我看。比如，漆包线上有绝缘漆，连接的时候要用电工刀把线材表面的绝缘漆刮掉。我又问父亲，那后来如何了？父亲说，他后来被派回中国，并带回了一部电报机，任务是收集情报，然后把情报用那部电报机发回远东情报局。父亲说，回来以后，他要继续找党申诉组织关系问题，并没有去完成那些收集情报的任务。那部电报机由于携带不方便，便被处理掉了。至于如何处理的，父亲没有说。关于父亲这段经历的准确时间，父亲当时也没说，但是张彦林先生撰写《文史风华：尚钺传》的时间脉络比较清楚，可以比对出大约发生的时间。

每当回忆往事，父亲的音容笑貌犹在眼前。

于北京家中

2022 年 11 月 5 日

目录

革命之路

学者之路

引　言

罗山县位于豫东南，地处鄂豫边陲。北临淮河，南依大别山麓，风景独秀。位于县城西南40余公里的灵山东南麓，坐落着著名的僧尼同寺的灵山寺院。据载，明朝洪武三年（1370），明太祖朱元璋来此降香，封住持陈大用为金碧禅师，并为寺门题写"圣寿禅寺"的匾额，同时御赐半副銮驾陈列于大殿。灵山因为有了这座庙门朝东，僧尼同寺的寺院而成为享誉天下的佛教圣地。

罗山历史悠久。西周时期属于申国，春秋战国时，其区域隶属于楚国。汉时置县，隋朝开皇十六年（596）置罗山县，属义阳郡。此后，兴废隶属不断更迭。

位于罗山县城区21公里的莽张后李商周墓葬群，发现、挖掘、出土的商周时期的青铜器、玉器、陶器、石器、漆木器等大批文物，造型精美、品类繁多，是中国当代考古史上的奇迹，被称为"莽张天湖后李文化遗址"，是江淮文化的典型代表，有"小殷墟"之称，丰富了淮河文化作为华夏母体文化的内涵。墓地出土的白酒，距今已有3000多年的历史，是世界上最古老的白酒饮品，还被载入《吉尼斯世界纪录大全》。这坛封存在鸥鸮提梁卣内的液体散发着清冽的酒香，为罗山县的历史文化增添了厚重感。

罗山人杰地灵。三国蜀之大臣费祎、元朝大将李思齐、清代名臣黎世序、抗日名将张轸都出生在这片土地之上。

在中国现代革命史上，罗山县先后有4万多名优秀儿女为中华人民共和国的诞生献出宝贵的生命，有6000余人被编入中国工农红军主力部队。1934年11月16日，红二十五军从铁铺乡何家冲一带出发长征。李先念、贺龙、王震、程子华、徐海东、刘华清等老一辈无产阶级革命家在这里留下了光辉足迹，播撒下红色的种子。

巍巍大别山，滔滔淮河水，孕育出一代又一代优秀的中华民族儿女。马克思主义历史学家、无产阶级革命战士、文学家、教育家尚钺就出生在罗山县城关南门，一户破落的地主家庭。

尚钺，在他的人生长河中默默前行，追寻属于自己乃至人类生命的那份纯真！他执着求索在漫漫的征途上，追寻着那传颂和不朽的真理！追寻着他心中永远抹不去的那一片圣洁的云！

求学之路

第一章　大别山下多才俊

罗山尚氏

罗山县的尚氏家族代有人杰，星耀华夏。据罗山《尚氏族谱》载："我罗山尚氏族人自元至今出类拔萃者不乏其人。"其"始祖君朗，字宗贤，由山西洪洞迁霸王岗转迁正定居罗山，元末举填词科进士，曾著《张羽煮海》《柳毅传书》等剧本，其名列入历代名人大词典"。其二、三、四世"均为明代御史，在县西街立牌坊两座，十字街向南立牌坊一座，以记其功，民国时被拆"。其"七世维持，明进士，官拜两京御史，退休后住城西三里尚小田安居而终"。"十四世士敏，清初任刑部主事。""十五世道存，罗山押司"，其弟道三之子开谋"清进士，任学政福建漳州知府"，开谋长子庆潮"清进士父子同榜，任编修传读，山东学政拜天官，有圣名，卒于任。其位列入乡贤专祠圣庙东侧"。"十八世子功，庆潮次子，清进士，任湖南岳州知府"。"十九世登青任南京政府参事，其弟次青任河南宜阳县长。"又"十九世国楷，字振声，人聪明善交际于河南大学上学，五卅惨案时被选为河南学生代表赴上海援助，后在中央军事政治学校学习，参加共产党。毕业后参加军统组织，任河南少将负责人，南京沦陷后受命留守南京搞地下工作，不慎被日寇逮捕牺牲"。十九世"桂文，字衡圃（多用"蘅甫"），行六，解放前尚氏族长"。①

尚钺是罗山县尚氏家族第二十世孙，与尚仲衣、尚伯华同辈，同时代人。

尚氏家族是罗山县城关的名门望族。罗山尚氏的历史可以追溯到公元前1066年的西周时期。西周初年的姜太公被周文王封为"太师"，尊为"师尚父"。姜太公先辅佐文王，后辅佐武王伐纣灭商，前后共辅佐文、武、成、康四位周王。根据《元和姓纂》及《万姓统谱》所载，姜太公名尚，字子牙，辅佐周文王推翻商朝后，被封于齐，是为齐太公，他在周朝为师，称为师尚父，简称尚父，尚父的子孙后代就以此为姓，即尚姓。

《明清进士题名碑录索引》载，明清两代尚姓进士及第者共37名，南方人士6人，北方诸省31人。河南省有10人，这10人中有6人为罗山籍，分别是尚褫，字景福，明正统四年（1439）三甲第55名；尚维持，明嘉靖二十年（1541）三甲第32名；尚蒂，明隆庆二年（1568）三甲第125名；尚际明，清顺治三年（1646）二甲第102名；尚开模，清嘉庆二十四年（1819）二甲第54名；尚宝潮，清道光二十五年（1845）二甲第55名。②

随着清朝科举取士之途的废止，新学兴起，尚氏家族的有志青年也应潮流而隆起。他们纷纷走出罗山，走向省城、都城，乃至国外。尚仲

---

① 见高朗集《尚氏族谱》（卷九）。
② 见朱保炯、谢沛霖编著：《明清进士题名碑录索引》，上海：上海古籍出版社，1980年。

尚钺的奶奶

衣（1902—1939）11岁便考进了河南开封留美预备学校，14岁投考清华，由于越级而未被录取，但是在1915年，他再次考上了清华留美预备学校，于1924年毕业，与同班同学周培源等67人放洋出国，获得美国哥伦比亚大学教育学博士学位后回国，执教于国立中央大学、北京大学等高校。尚仲衣的人生经历，可谓顺风顺水，遗憾的是他于抗日战争期间罹难，不幸英年早逝。与他同年出生的堂弟尚钺则一生历尽磨难，虽享寿八十，但其坎坷的经历却是常人无法承受得了的。然而尚钺在苦难折磨的过程中，最终铸炼出顽强的意志力，破茧而出！

开封求学

尚钺在他的《经历自述》中写道：

在我很小的时候，父母相继去世，祖母是我唯一最亲近的人。

我家祖上是官僚地主……而我就是这土地的唯一合法继承人。

祖母出身自一个中农家庭，人很勤劳，也很能干，她希望我成为一个读书人，于是就把我送到私塾去背四书五经。可我并不是那种老实、死板的孩子，我感到枯燥无味，经常调皮，不好好背，所以经常受到先生的处罚，不是挨打，就是罚跪。

在我16岁那年，祖母拜托我的伯父送我到开封去念中学，打这以后，我便开始了独立生活。[①]

据高朗集《尚氏族谱》（第九卷）载，尚钺父亲尚硕文，行四，母亲尚陈氏，其祖父尚之敏，生四子，珠文、桂文（蘅甫）、贺文、硕文。尚钺是尚硕文的独子。

尚钺于1902年3月23日出生，他自己回忆：16岁到开封求学，应是1917年，来到省会城市开封，后考入河南省立第二中学（下文简称省立二中）。尚钺的二伯父尚蘅甫是开封医院院长，又兼任罗山县红十字会会长，是他把尚钺送到开封，让其考入省立二中的。

关于他到开封求学的过程，尚钺在小说《缺陷的生命》一书中有过详细的介绍。虽然小说虚构的成分居多，但是，小说创作是有生活基础的。从小说中可以大致了解到尚钺是如何到开封求学的。

小说中写到，"我"、贞姐、义哥均在家塾学习，后来义哥通过努力考上了豫南师范，"我"感到了寂寞，义哥假期回来，劝"我"外出求学，"我"斗胆给在开封工作的四伯父写了封信，四伯父回信说"我"去开

---

① 尚钺：《经历自述》，载中国人民大学历史学院编《尚钺先生》，北京：中国人民大学出版社，第1页。本书所引《尚钺先生》均出自此版本，后文不再一一注明。

封是可以的。"我"离开了家乡，"就这样我自此离开了我的儿童的天国，跳入人间地狱了"。"我"先到了信阳火车站，在同乐栈住了一夜。第二天，买了一张到郑州的火车票，坐上火车到了郑州，在郑州站台上"我"见到了来接"我"的四哥，"我"被接到了开封四伯父家，寄居了下来。

四伯父的小儿子仲哥，是与"我"同年出生的，但是仲哥已经在北京清华学校学习了。一次，仲哥从北京来信，四伯父将我叫到他面前，用一段夸耀的言语，对"我"说仲哥是怎样的天才，是怎样敏而好学的志士。从四伯父的话里，"我"感到"自己的卑鄙下贱渺小"，感到"我比天下的任何人都矮半截"，自己失去了自信，不敢在人前昂头。还好，"我"终于考上了开封的一所寄宿中学，也就是省立二中，于是，"我"搬到学校去住了。

四伯父在"我"考上后，对"我"进行了一番十分严厉甚至刻薄的训话，对"我"刺激很大。"唉，我量（谅）你也考不上前十名！""这不是，以后有两条路你选：我的钱终是亏定了你的，一是你只要每期能考个丙等，我一年破着100块钱给你拿去撒，一是你要连丙等也考不上，这势必你是没有求学的资格了！那我也给你路费回家，记着吗？""长就的一付（副）'鄙子秆'的骨相，将来能有什么出息可信呢？""明知道你不成，我又为什么借钱给你呢？因为你的老子死的（得）早，把钱给你撒着玩儿，人家都要骂我某某混账王八蛋啦！"……不堪入耳的训诫的话，致使"我自己切恨着自己的哭了"。尽管如此，"我"每个星期日还得到四伯父家里讨取200块钱的小费用。

"我"在学校里的生活也陷于无以复加的窘苦、难堪的地步。三个星期不洗澡，一个多月不剃头，只有一身制服，夜晚穿便衣时把制服脱下来洗洗，第二天再穿。"我的制服常常穿的（得）汗痕在背心上现出白云似的斑纹，而显然使人闻着一种触鼻的臭味。"

小说中还有这样一段叙写："就在我第二年级的秋季，学校中便由少数自命为觉悟的青年，组织了一个少年学社。……我去旁听了两次他们的开会，他们的真诚态度恳挚的友谊与严肃的社规，颇使我心中表示满意的同情。最重要的就是他们有一次开会，提出主义的信仰来决定，我受了极深刻的影响。当时他们所提出的大约有'马克思主义'，'安那其主义'……在此时以前，我简直不知世界上还有什么主义的存在，此次我算将眼光又展开了一个新世界了。"[①] 这个少年学社，就是青年学会。

尚钺在《经历自述》中叙写了自己的思想启蒙："开封二中（即省立二中）是我的母校，就在这里开始了我的青年时期。我的心智与活力冲破了幼年的硬茧，开始观察世界，认识世界。记得那时我就被北京大学办的《新青年》《新潮》等杂志上鲁迅、李大钊、陈独秀写的文章所吸引，他们的进步思想从小在我心目中扎了根。当我的母校掀起五四运动的时候，我也积极地参加进去，从事了反对军阀、反对内战、反对帝国主义、抵制日货的宣传和组织农民协会等工作。当时曹靖华同志也在这个学校，他是五四运动的发起人和领导人之一。"[②] 毫无疑问，尚钺在那时那地，心灵接受到来自都市的新的风尚和新的思潮的洗礼。

据《河南省国统区革命文化史料选编（一）》介绍，青年学会成立于1919年12月，其宗旨是"发展个性的本能，研究真实的学问，养成

---

① 克农（尚钺）：《缺陷的生命》，上海：启智书局，1929年，第127—128页。
② 《尚钺先生》，第1—2页。

青年的真精神";信条是"奋斗！诚实！宏毅！勤俭！";会员的标准是"纯洁，奋斗，互助";对于本会表示充分的同情，须会员五人以上的介绍，不拘国别、种别、性别。

当时的会员有曹靖华、汪源、蒋侠生（蒋光慈）、宋若瑜（女）、潘保安、王沛然、王锡赞、叶禹勤、蒋鉴章、汪昆源、关畏滑（又名关慰华）、张励。共12人。

曹靖华在《回忆青年学会》一文中指出：1919年的五四运动，像晴天霹雳，把广大青年学生从死读书、读死书、不问政治的沉睡中唤醒起来。他们怀着满腔爱国热情，走出学校，投入反对日本帝国主义的洪流里。随着时间的推移，学生运动的范围和内容也愈益扩大而深入了。它由反对日本帝国主义和卖国贼运动，进而扩大到反对封建势力，反对一切不合理的旧制度、旧习俗，宣传新文化、新思想，拥护一切新事物的运动。在这种形势下，在1919年冬，省立二中一部分学生，尤其是毕业班的几个站在爱国运动前列的进步学生组织起来，作为研究问题和共同行动的核心，这就是"青年学会"。当时，学会的会员不仅限于省立二中的学生，如蒋侠生是安徽省立第五中学的学生，宋若瑜是开封省立第一女子师范的学生。青年学会的活动虽然比较广泛，但概括起来，即反日救国、反封建、介绍新思想、传播新文化。学会还出版了一种铅印的半月刊，名为《青年》，作为发表意见的阵地。青年学会在当时同省内外的进步青年组织，都有十分广泛的联系。1920年夏，青年学会的主要发起人都毕业离校，这个团体不久也就解散了。①虽如此，但是这些经

---

① 参见曹靖华：《回忆青年学会》，载《曹靖华译著文集》（第9卷），北京：北京大学出版社；开封：河南教育出版社，1992年，第169—173页。

青少年时代的尚钺(左一)

历却对尚钺产生了不可估量的影响。

这些生命初始阶段的革命种子,在尚钺脑海中蜂拥浮动,宛如一阵微风吹过云影掩映着的麦田。

青年学社

当时的罗山县旅外学生,参照省立二中青年学会组织成立了"青年学社"。据罗山高中教师,原青年学社成员刘众孚在1984年1月写的关于罗山"青年学社"情况的回忆录中记载:

1920年,在五四运动的影响下,罗山旅外学生尚炜(字伯华)、尚钺联络本县旅外学生及本地青年,组织了"青年学社",社址在"霍尚二公祠"。利用假期在这里读书看报,下棋玩球,议论国家大事,还排演新剧,办补习班,从事社会公益活动。成员中,以信阳河南省立第三师范的学生最多,如陈孤零、冯之焕、冯之辅、蔡慕强等,旅外开封学生有尚海涛、尚少衡、刘众孚,旅外淮阳学生有姚抚民,本地青年有方范九、罗杰人、尚重民、尚优如,还有军界青年方舜若,当时他们都是接受革命思想走到一起来的。尚伯华曾作一副对联——"抛大好头颅改造这万恶社会；洒满腔热血唤醒我大梦国民"，贴在学社的大门上，从中可以看出他们的抱负。后来尚伯华在武昌参加了中国共产党，在信阳一带任特委、特派员等职务，后被捕牺牲。尚钺曾在确山四望山从事革命工作。尚优如是尚伯华的堂弟，武昌中央农民运动讲习所毕业，之后在潢川大荒坡暴动中牺牲。

《罗山革命史》一书对罗山"青年学社"的建立及其传播进步思想的活动做了较为详细的介绍。

1919年寒假，在信阳省立三师上学的学生尚伯华和在省立二中上学的学生尚钺回到罗山县城，发起组织了罗山"青年学社"。他们联合罗山进步学生和有一定觉悟的知识分子，联名向当时的县令呈递文书，申明办社的意愿。县令迫于当时社会革命浪潮的压力，就在呈递的文书上签上"县呈已悉，原禀复"。

1920年暑假，罗山"青年学社"的成立大会在县城霍尚公祠召开。参加会议的有几百人，除了学生之外，还有社会各界代表。会场上张灯结彩，锣鼓喧天，鞭炮齐鸣，掌声不断。场内外张贴了大量标语："打倒帝国主义！""打倒军阀！""拥护青年利益！""一切被压迫青年应参加民族解放斗争！""反对旧道德，树立新风尚！"……特别醒目的是贴在大门上的巨幅对联，反映了罗山知识界对"青年学社"的支持和期望。对联别具匠心地嵌入"青年"二字作为句首，上联是"青春愿长留，将输入新潮、濯尽腐霉脑海"，下联是"年华休错过，速增进学识、放开世界眼光"。这副对联是罗山著名人士杨禹铭送的，格外引人注目。

各界代表和知名人士先后在大会上讲话，尚伯华宣读了《罗山青年学社成立宣言》，宣言中指出了学社宗旨：团结进步学生，励志学业，讲究卫生，相信科学，解放个性，传播民主，争取自由，拥护青年利益，为民族解放而斗争。这些表述与省立二中的青年学会宗旨是一致的。罗山"青年学社"参照青年学会编印了刊物《三日报》，利用假期举办补习班、读书会等活动。罗山"青年学社"从1920年成立，到1927年春结束，历时7年，为罗山县域建党和发展工农运动提供了思想和组织上的准备和保障。

然而，在那时那地，一些热血青年的胸中虽然都深埋着许多美丽而元气充沛的种子，却没有办法长成参天大树。

第二章　北大求学遇恩师

北大求学

尚钺在《缺陷的生命》一书中写道，"我"在贞姐的鼓励和四伯父的冷言刺激下，坚定了信心，北上到北京大学。"我"的刻苦努力得到了回报，"我"如愿以偿考取了北京大学。现实中的尚钺在1922年考上了北京大学英国文学系预科。

据《北京大学日刊》1922年8月5日《国立北京大学布告》载：

本校本届在京招考预科新生所有初试复试均已次第举行，学生二百七十一名，今将姓名开布于后：计开（以报考先后为序）英文系。

其中英文班男生245人、女生9人，德文班9人，法文班8人。尚钺位列英文班男生第183名。其中就有冯文炳（即废名）、石民、屈武。

尚钺进入北京大学后十分活跃，曾是学校篮球队队员。据1922年12月14日《北京大学日刊》"体育部通告（四）"载：

延瑞祺、孙步青、王则鼎、关肇淞、宋作梅、李江、尚钺、陈其昌、郭树帜、李世尊、张镐、张瑜诸君公鉴：兹为篮球队预备二十五周年纪念日登场事，请诸君准于本日四时半（自本日起）到一院球场练习。并有事奉商。其他同学愿意加入登场者，亦极欢迎到场练习。[①]

据《北京大学日刊》显示，尚钺于1924年秋季升入英国文学系。1924年3月4日《北京大学日刊》载公告之《注册部编志课启事》：

本校各办事机关公鉴，顷接乙部预科学生尚钺承称第二五八号入学证现已寻回，前所请作废及补发各节应请取消等语，并亲持原入学证来本课验明无误自应准其继续有效。

特此奉闻

此颂

公安[②]

尚钺在1924年3月4日还是预科生，而1924年10月4日《北京大学日刊》载《英文学系教授会通告》：

本系入系试卷成绩已经教授会审定，下列诸生得入英文学系肄业（共十八人）：张鹏、钟作猷、张锡彤、梁遇春、许汝骥、周光

---

① 《北京大学日刊》1922年12月14日。

② 《北京大学日刊》1924年3月4日。

普、廖志昂、石民、庞善守、彭积澍、夏葵如、尚钺、高宗禹、冯文炳、王寅生、颜蔚圃、李鸿举、修春泰。

下列诸生得以英文为辅科（共三人）：胡自益、胡勤业、杨良。

十三年十月三日 [①]

尚钺当于1924年秋季升入英国文学系本科，此时，正值北京大学学生会改组。11月24日，《北京大学日刊》刊出公告《北大学生会筹备处启事》：

逐启者，此次学生会改组运动，蒙诸同学热心赞助，日来各班选派代表，大致已将蒇事。一切进行事宜，亟待讨论，兹定于本月二十四日（星期一）晚七时在第一院第一教室开会。届时务希拨冗贲临，各抒高见，共存善策，恕不专函通知，

此致

各班临时代表均鉴。[②]

12月23日，北京大学英国文学系一年级学生会代表选出，尚钺（五票）、许汝骥（六票）当选。1924年12月23日《北京大学日刊》的公告《英文系一年级全班启示》载：

本班学生会代表，业已正式选出，兹将当选人及票数列后：许

①《北京大学日刊》1924年10月4日。
②《北京大学日刊》1924年11月24日。

汝骥（六票）、尚钺（五票）。

1925年6月4日《北京大学日刊》载《尚钺启事》：

> 现当紧急之时，而我又因病不能负责，恐误大事，本应向本班同学辞职，但现在停止上课期间不易聚会，特在日刊声明辞去英文系代表及本校学生会宣传股委员各职，并希英一诸同班兄谅鉴，速选出继任代表，以济时艰，是祝！
>
> 十四，六，三 [1]

原来，北京大学学生会成立后，其组织机构也健全了。《北京大学日刊》1925年1月15日上面载有《北京大学学生会通知》（第一号）详细列出各部门人员分工情况。

> 本会执行委员会各股委员，审计委员会委员及正式对外代表均已于本月（十四年一月）十二日（星期一）各班正式代表大会时投票厘定。兹将各委员及对外代表姓名列下。[2]

其中对外代表4人，执行委员会有文书股、会计股、庶务股、交际股、宣传股、调查股、卫生股，各股设正主任1人，副主任2人，委员有2人的，6人的，10人的不等，尚钺时为宣传股委员，名列第一。另

---

① 《北京大学日刊》1925年6月4日。
② 《北京大学日刊》1925年1月15日。

在北京大学读书的尚钺

设审计委员会、检察委员会。

《北京大学日刊》1925年9月24日又载《尚钺启事》：

我的"词家专集"笔记那（哪）位借去了，请速交一斋号房是盼。[1]

然而，在《北京大学日刊》1925年12月3日这一期上刊载了《北京大学布告》之"后开各生现尚未到校应即令其休学一年此布"，其中本科共18人，名单里有屈武、尚钺、李祁；另有预科12人；华侨旁听2人。落款日期是"十四年十二月一日"。从此，《北京大学日刊》上面便没有了尚钺上学复学的信息，也就是说，尚钺从1922年秋季入学至1925年9月（暂定为9月）在北京大学学习，预科上了2年，于1924年升入本科

---

① 《北京大学日刊》1925年9月24日。

英国文学系学习了1年，于1925年秋季便离开了北京大学。可以这样说，尚钺在北京大学读了3年书，预科2年，本科1年。从尚钺1925年6月3日在《北京大学日刊》登载的《尚钺启事》可以看出，他辞去北大学生会宣传股委员职务时已经有意向要离开北京大学了。但是，他为什么要离开北京大学呢？还有一点，尚钺在北京大学英国文学系就读时胡适是主任；1925年9月，陈源（陈西滢）代主任，他们和徐志摩当时都在北大英国文学系任教，从现有资料上看到，尚钺与他们的交往不多，而与在国文学系执教的鲁迅交往很多，而且称鲁迅为老师，这确实让常人难以理解。

恩师鲁迅

尚钺在《经历自述》中回忆说，郑奠是他的文法老师。有一次在郑奠的课上，尚钺写了一篇描写私人感情的小说，郑奠认为可以推荐，于是就交到了鲁迅手中。鲁迅曾对尚钺这不成熟的处女作提了八点意见，让他修改，并介绍他读《新青年》《新潮》和文艺期刊《语丝》。

鲁迅在北京大学讲中国小说史，为了团结青年学生参加反帝反封建的战斗，又办了《莽原》杂志，他鼓励同学们写文章投稿。尚钺通过几次谈话，对鲁迅有了了解。当时，北京大学的学生最爱听鲁迅的课，每逢他讲大课，总是座无虚席。

1924年10月6日的《北京大学日刊》载有《英文学系课程指导书》（十三年度至十四年度），一年级校课教师有林玉堂（林语堂）、陈源（陈西滢）、郁达夫、毕善功、杨荫庆、文纳。胡适、徐志摩、张歆海等则教授三、四年级学生的课（陈源也有三、四年级学生的课），并没有发现郑奠其人。而在1924年10月3日的《北京大学日刊》中刊载的《国文学系课程指导书》(十三年度至十四年度)里则出现了郑奠的名字,他所授的课是英文名著选。鲁迅教的是中国小说史,周作人教的是欧洲文学史,教师中还有沈兼士、马裕藻、沈尹默、钱玄同、黄节、吴虞、刘文典、林损、萧友梅、张凤举等。另外,该日的《北京大学日刊》上"注册部布告(二)"载:"郑奠先(生)所授国文文法均改上四十二教室。"尚钺在《经历自述》中指出"郑奠是我的文法老师",显然这个回忆是正确的。可尚钺作为英国文学系的学生为何偏说国文学系的老师是自己的老师呢?这可能是郑奠和鲁迅先生一样,也是讲大课,其他系的学生均可去旁听,便有了"我的老师"之说。其实,这种猜想是错误的。

郑奠(1896—1968)是现代著名的语言学家、教育家,字石君,又字介石,浙江省诸暨人。他1911年毕业于浙江诸暨小学,1915年中学毕业后,赴上海报考北京大学,考取北京大学本科中国文学系。其时黄侃、钱玄同都在该校任教,听了他们的课,郑奠便对文字声韵学产生了浓厚兴趣。1916年,因病休学两年,1918年复学。1920年毕业于北京大学,因为成绩优异,留校做预科讲师、教授、预科主任,教授中国文法、古书读法举例等课程。1922—1926年又兼任北京女子高等师范学校课程,任中国文学系主任。① 尚钺于1922年考上北京大学预科,此时,郑奠恰执教于北京大学预科。也就是说,郑奠是尚钺的"亲老师"。

郑奠在北京大学、北京女子高等师范学校任教期间,与鲁迅过往甚密。据郑奠回忆说:"从一九二三年至一九二六年的八月,这几年中,

---

① 参见晋阳学刊编辑部:《中国现代社会科学家传略》(第三集),太原:山西人民出版社,1983年,第311、312页。

我和鲁迅先生同在北京女子高等师范学校——北京女子师范大学教书。女师大风潮发生以后，经常见面，在这次共同斗争中，深深地认识到鲁迅先生坚强的性格和他的斗争精神。他的待人，真诚、坦率，他的办事，认真、负责；处理任何问题，他必辨明是非，分清敌我，从不采取依违两可的态度；他向旧社会恶势力斗争，无论在言论上，行动上，自始至终不妥协。""一九二六年八月我们在北京分了手，以后隔二三年或一二年，在杭州、上海或北京相见。见面的时间不多，但是每次见面之后，我都留下了深刻的印象。"①据此可以看出郑奠和鲁迅不同寻常的关系。作为学生的尚钺，在北京大学同时有了两位浙江籍且是好朋友的老师。郑奠和鲁迅的出现为尚钺在北京大学求学，以及之后走什么样的人生道路都产生了重要的影响。

与鲁迅交往

尚钺在《经历自述》中曰："一天，我和几个同学走进鲁迅先生家中，看到一向不抽好烟的鲁迅先生，桌子上都放着大包的'船'牌好烟，而且看样子，他已经一连抽了好多支。我们好奇地问怎么抽这么好的烟了，他充满风趣地回答我们说：'我是在战斗，需要抽好烟。'在以后的谈话中我们才知道，就在昨天，鲁迅先生被章士钊解除了录事的工作，因为他批判了章士钊主办的《甲寅》杂志上的文章，这是被人们称为'老虎'的杂志。"

据《江苏教育报》载《临时执政令八月十三日》："署教育总长章

---

① 郑奠：《片断的回忆》，载本社编《鲁迅回忆录　一集》，上海：上海文艺出版社，1978年，第236页。

士钊呈请将佥事周树人免去本职，应照准，此令。"鲁迅是1925年8月13日被免去佥事一职的，那么，尚钺所记的"一天"即1925年8月14日。《鲁迅全集15·日记》1925年8月14日载："晴。我之免职令发表。上午裘子元来。诗荃来。季市，协和来。子佩来。许广平来。午后长虹来。仲侃来。高阆仙来。下午衣萍来。小峰、伏园、春苔、惠迭来。潘企莘来。徐吉轩来。钦文、璇卿来。李慎斋来。晚有麟、促芸来。夜金钟、吴季醒来。得顾颉刚信。"共有23人先后到鲁迅家，很显然，他们是对鲁迅免职表示不满，来安慰鲁迅的。但这些人中没有尚钺，有可能是鲁迅漏记了。因为这时尚钺已经从河南开封回到了北京。

据高长虹在《走到出版界·1925，北京出版界形势指掌图》一文载："当暑假到的时候，尚钺走了。"① 尚钺于1925年暑期回到河南开封。尚钺回河南开封是要和向培良、张目寒等人办《豫报副刊》。《鲁迅全集15·日记》1925年8月9日载："上午……寄尚钟吾信……下午钟吾、长虹来。"可以看出，尚钺已经于1925年8月初回到了北京，时间最迟在8月9日。

据鲁迅的日记记载，尚钺到过鲁迅寓所11次。那么，尚钺第一次到鲁迅寓所是什么时候？在北京大学读书期间，尚钺与鲁迅的交往如何呢？

尚钺在《怀念鲁迅先生》一文记述了他与鲁迅先生的交往与友谊。他说："我知道鲁迅先生是远在（民国）八九年的事。那时我是一个中学生，一个孩子，最初读到他的文章是在《新青年》上。""他最能打入我生活的核心。譬如在《狂人日记》中，他提出'救救孩子'。""民

---

① 高长虹：《高长虹文集（中）》，北京：中国社会科学出版社，1989年，第154页。

国十一年我考入北京大学，满以为立刻可以受到先生的教育了。但开学时，我们的课程表上竟没有先生的名字，询问老同学，才知道他没有预科的课程。于是我只得到第一院本科国文系的课程表上去查。查是查着了，但先生上课的时间正与我们的文法课冲突，于是我不得不牺牲两点钟必修的文法课程，跑去听他的讲授。"[①]

据尚钺说，第一次去听鲁迅讲课，竟然提前了一周去，结果扑了个空，等到第二个礼拜五下午才第一次坐在鲁迅的课堂上见到了鲁迅先生。"我一直这样听了先生三年的讲授。这中间，从一部《中国小说史略》和一本《苦闷的象征》中，我却获得了此后求学和做人的宝贵教育。"

这篇文章写于1939年，距离尚钺考上北京大学预科的时间1922年仅17年，不到20年，其记忆和记录的关键事情的节点应该不会有差错，由此可以得出以下三点：一是尚钺考上北京大学读书是受了《新青年》的影响，或曰《新青年》上鲁迅文章的影响；二是尚钺在北京大学读书的3年间，从预科开学就开始听鲁迅的课，直到他离开北京大学；三是鲁迅的言行影响了他此后的求学和做人。所以，尚钺第一次到鲁迅家或者说尚钺与鲁迅交往的起始时间当在《鲁迅全集15·日记》中记录的1925年4月28日之前，应该不会是在高长虹引荐下才与鲁迅相识、交往的。

据廖久明《高长虹年谱》考证，1924年11月20日，"郁达夫去拜访鲁迅，并谈到高长虹和他主办的《狂飚》"。而这一点，高长虹在他的文章《走到出版界·1925，北京出版界形势指掌图》中说："当达夫初

---

① 尚钺：《怀念鲁迅先生》，《抗战文艺》1939年第5卷第1期。

次同我见面的时候，则已成名人了。"①而高长虹第一次见鲁迅的时间是1924年12月10日，鲁迅在日记中记："夜风，长虹来并赠《狂飚》及《世界语周刊》。"这一点，可从高长虹1940年9月1日发表在《国民公报·星期增刊》上的文章《一点回忆——关于鲁迅和我（一）》得到证实。文章说："怎么样认识起来的呢？原因是我在一九二四年的冬天，同几个狂飚朋友在北平创办了《狂飚》周刊，获得鲁迅的同情反应。在以前，我有些朋友在一个世界语学校里做了鲁迅的学生，我时常听到他们谈说鲁迅。《呐喊》恰好也在这年出版，这也是给鲁迅传说增加兴味的原因。不过我看了《呐喊》，认为是很消极的作品，精神上得不到很多鼓励。……可是，说也奇怪，《狂飚》周刊在北平出版了还不到几期，居然在北平的文艺界取得它的地位，而最与（予）以重视的，郁达夫之外，尤其是望重一时的大小说家鲁迅。我同鲁迅见面的机会来了。可是我初次同他讲话的印象，却不但不是人们传说中的鲁迅，也不很像《呐喊》的作者鲁迅，却是一个严肃、诚恳的中年战士。"②很显然，高长虹与鲁迅初见面及鲁迅获知高长虹的有关信息是在1924年11、12月间。而此时尚钺已经在北京大学预科上了两年，又升入了北京大学本科英国文学系，听鲁迅的中国小说史等课已经三个年头了。从时间上说，尚钺要比高长虹认识鲁迅早；从关系来说，鲁迅之于尚钺有师生之谊。所以，尚钺第一次拜见鲁迅的时间应早于1925年4月28日，只是当时鲁迅的日记没有记录罢了。

现有资料显示，尚钺写鲁迅的专题文章有如下7篇：《鲁迅先生》

---

① 廖久明：《高长虹年谱》，北京：人民出版社，2011年，第39页。

② 廖久明：《高长虹年谱》，北京：人民出版社，2011年，第43、44页。

（《京报副刊》1925年10月23日）、《怀念鲁迅先生》（《抗战文艺》1939年第5卷第1期）、《我的一段学习生活——纪念鲁迅先生逝世四周年而作》（《学习生活》1940年第1卷第6期）、《升钉——一九四一年纪念鲁迅先生》（《野草》1941年第3卷第2期）、《论新时期文艺工作者的创造生活——1944年纪念鲁迅先生》（《真报》1944年10月15日）、《新文学的发生、发展及今日——胜利年纪念鲁迅先生》（《民主周刊》1945年第2卷第11期）、《学习鲁迅的顽强精神》（《文萃》1946年第2卷第2期）。这7篇文章最早的是1925年，最迟的是1946年（距鲁迅去世才10年），既有鲁迅在世时写的，也有为了纪念鲁迅而写的，时间跨度不是太大，文章中的事件记录乃至时间的误差应该很小。这些文章既有对鲁迅的评介，也有对鲁迅的悼念，反映出师生间交往及深厚的感情。

第三章　鲁迅教诲记心头

难忘鲁迅

尚钺1925年10月21日所作《鲁迅先生》刊发在1925年10月23日《京报副刊》上，这篇文章的内容是尚钺读了鲁迅的小说集《呐喊》之后的感想，与其说是书评不如说是读后感。

在尚钺看来，鲁迅的作品体现出来的是作者对有灵魂和时代精神的人的同情和支持，而对于没有灵魂的人是一种激刺。"换句话说：就是他能在他们的隐微中，掘出了他们极想蕴藏的卑劣的根底来。"也就是现在人们所说的民众的劣根性，即"哀其不幸，怒其不争"。尚钺说："这也就是我国的鲁迅先生之所以一再做'碰壁'的原因。"

鲁迅在《呐喊》自序中的一句话"有谁从小康人家而坠入困顿的么，我以为在这途路中，大概可以看见世人的真面目"，让尚钺产生了同频共振，世态炎凉莫过于此！"鲁迅先生在这样的烦恼中，失望中，寂寞中，他的能力使他坐下了，他在这荒原中坐下了，他的被寂寞的大蛇缠住的灵魂，便需在他的时代精神的梦里出现了。"

《呐喊》于1923年8月由北京新潮出版社出版，尚钺写的这篇读后感时间是1925年10月21日，时隔两年，就是这一年的8月13日，鲁迅教育部金事一职被解除——鲁迅被免职了。所以，尚钺在该文的最后盛赞鲁迅："'绝无窗户而万难破坏'的铁屋子里边的熟睡的人们，已经都'从昏睡入死灭'了，所余者只有未毁灭的死肉。鲁迅先生的碰壁，恐怕也只有碰壁下去。因为碰壁便是今日有灵魂的人们必要的工作。"尚钺的观点和思想不言自明。

尚钺关于鲁迅的文章中，《升钉——一九四一年纪念鲁迅先生》和《新文学的发生、发展及今日——胜利年纪念鲁迅先生》《学习鲁迅的顽强精神》是政论性的，或者说是理论性的。

在《升钉——一九四一年纪念鲁迅先生》一文中，尚钺就人死后的祭奠仪式——盖棺仪式与日后祭祀活动发表了一番言说，盖棺仪式时间不宜太长，因为死者要"入土为安"，而之后的祭祀——召开纪念大会等要说公道话，实事求是地对亡者进行评价，不能假纪念之名，随意曲解死者的意见，修改死者的意见，抹杀死者的主张，为死者捏造离奇的见解。"把开会的时间占去大部分，让能代死者说两句公道话的人没有时间插嘴"，虽然"公道自在人心"，但是能说公道话的地方不多。最后，尚钺肯定地说："鲁迅先生的'赶快埋掉拉倒'还不失为对付他们的好办法。因为他的真实灵魂已在广大的真实生命中成长着，并发展起来。但却在这些升钉式的追悼大会和纪念大会以外。"①

《新文学的发生、发展及今日——胜利年纪念鲁迅先生》写于1945年9月16日，一万余字，分四个部分：文学发展的规律性、新文学形

---

① 尚钺：《升钉——一九四一年纪念鲁迅先生》，《野草》1941年第3卷第2期。

成的前夕、鲁迅与新文学、新时代的新文学。这是一篇关于文学发生、发展规律和当前文学任务的剖析入理的理论文章。尚钺依据文学发展的规律性，即"一定的文学在所有的空间与时间都在为一定的政治与经济，组织社会生活和社会心理服务"。第二部分通过对新文学形成前夕各种文学样态的剖析，入情入理地阐明了文学样式及其内容是时代的反映，是政治的需要，是经济生活、社会生活的呈现。指出了每个时代有每个时代的文学。第三部分"鲁迅与新文学"中，尚钺指出"这是养育鲁迅的支离破碎的中国文坛。文学是社会的政治的和经济的反映，同时也是给予政治和经济以伟大影响的"。基于这一论点，尚钺指出，鲁迅作为人民的文学革命的旗手，"在'五四'文化革命运动中，打出中国民族文学革命的鲜明旗帜来"。"五四"以后新文学的主流不再是英雄与美人的天下，而逐渐转向为人民革命事业服务了，使人民大众走上了历史舞台，成为文学作品的主人公。尚钺十分激赏毛泽东对鲁迅的历史评价："鲁迅的方向，就是中华民族新文化的方向。"尚钺认为，"这一对于鲁迅的历史的定评，是我们应该永远记忆的"。在第四部分"新时代的新文学"中，尚钺开头提问，开宗明义，继而从正、反或新、旧两个方面，多层次多角度进行阐述，层层剥茧，回答了开头提出的问题。尚钺还就新旧文学思想方法上的差异，主题、取材、人物刻画技巧上的区别及其所反映服务社会的政治与经济的不同，进行分析后得出结论："因之创造新文学必须我们在为人民服务的实践过程中，学习到他们的语言、思想，要求情感，和对各种事物的表现形式和方法，才能就他们建设新中国的可歌可泣的事实，抽出许多精华的部分，综合地组织起来。"①

《文萃》1946年第2卷第2期上刊发的尚钺的《学习鲁迅的顽强精神》（作于1946年9月22日）是一篇纪念鲁迅的文章。尚钺用刚刚被反动派特务暗杀不久的著名文学家闻一多的话作为标题，意味深长。尚钺用历史的发展的思维分析了历史上的人民大众没有文学的现状，充分肯定了中国人民在历史发展中的不朽功勋。尚钺回顾道，1945年为了纪念鲁迅，"只有十几个人"躲到滇池水中间一座别墅上，闻一多在会上强调"以学习鲁迅的顽强性，来纪念鲁迅"。从而引出标题，而闻一多却已经惨遭反动特务杀害了。尚钺从三个方面阐释了"学习鲁迅的顽强性"的具体内容。最后，文章总结道："鲁迅比孔子更伟大，因为孔子死了，再没有孔子。鲁迅死了，后继者却有无数的鲁迅。"②

《鲁迅先生》一文作于1925年10月，当时的尚钺还是一名大学生。而写作《升钉——一九四一年纪念鲁迅先生》等后三篇政论性文章时已经历经坎坷，人在云南，其思想也已经成熟，歌颂什么、指斥什么、反对什么，都有鲜明的立场。这些成熟思想的基础，应该是尚钺在北京大学求学时期就已经奠定了坚实的基础，而这些都与鲁迅的影响密不可分。

鲁迅教诲

1925年秋，尚钺和高长虹一起去看望生病的鲁迅。发现他正带病伏在书桌前校稿，于是尚钺就自告奋勇地说："我和长虹两个校对好了，先

① 尚钺：《新文学的发生、发展及今日——胜利年纪念鲁迅先生》，《民主周刊》1945年第2卷第11期。

② 尚钺：《学习鲁迅的顽强精神》，《文萃》1946年第2卷第2期。

生多休息两天。"鲁迅从案头上抽出一卷原稿底子交给尚钺说："好，要仔细一点，文章上的争执，常常因为一个字的错误，引起很大的误解。校对和创作的责任是一样重大的。"鲁迅指着已校对好的第一页说："这一页我已经校对过，你没有校对过吧？有错误就照着这张样子改。……最好是明天能校好。"原来这是尚钺写的一篇文章。尚钺感到有些难受，自己应该认真校对后再投稿件，说："先生早就应该叫我把稿子重抄一遍的。"鲁迅笑了，进而说道："青年们总有一个时期不免草率一点的。如果预先规定一种格式或一种字体来写，恐怕许多好文章都消灭到格式和文体中去了。目前的问题，只是写，能写，能多写，总是好的。"①

第二天，尚钺校完样稿送去时，鲁迅接过样稿，按着原稿找出几个错字，对尚钺说："你昨天走后，我忽然想起这几个错字来。我虽然在顶上点出来，但并未改。我是想等着作者来，问一问是否有特别用意再改的。现在时间已经来不及，都给他改正好了。"②之后，鲁迅由校对问题提出创作的态度来。尚钺回忆说：

> 我记得是先生说不拘是创作是翻译或校对都要十分精细，别无"诀门"，我在后边笑着赘了一句："霹雳火秦明要来写小说，做翻译和校对工作，一定要失败。"先生便抓住这个机会提出创作态度问题来，他的大意是在两个字："忍耐。"……他的意思是无论创作是长篇或短篇，哪怕三言两语的短文，第一个问题当然是思想，而能使思想充分表达的便是"忍耐"。只有忍耐，才能对问题和材

---

①② 尚钺：《怀念鲁迅先生》，《抗战文艺》1939年第5卷第1期。

料有周详的思考和观察，因技术是需要忍耐才能练习而纯熟的，认识是需要忍耐才能锻炼敏锐的。只有忍耐观察才能由皮肤更深地挖到血肉里边去……他一面说着，一面在我过去的作品中举实例，使我深深认识了此后创作所应严格注意的方面。最后他又恳切地告诉我："你有你的特殊作风，只要努力，这些小的障碍是不难克服的，现在，已比你写那篇《黎明》时进步得多了。"①

据尚钺在《我的一段学习生活——纪念鲁迅先生逝世四周年而作》中介绍，当时尚钺写了一篇较长的小说《黎明》，自己觉得十分满意，想交给鲁迅指导，又怕因为写得不好受到鲁迅批评，尚钺就把小说先交给文法老师郑奠，让他改后再呈鲁迅先生，没想到郑奠认为小说写得很好，就直接替尚钺转呈鲁迅了。等到第二个星期鲁迅上课的时候，交给尚钺一封信，并想当面指点，但因有人来约，鲁迅便同来者一起去了，并告诉尚钺："你先看看有惑疑的地方，下礼拜五来问我。"遗憾的是，这封信在尚钺去杭州被捕时丢失了，但尚钺清楚地记得这封信的内容，大意如下：

一、受旧小说的影响，借人物发表意见的地方过多。对社会的批评，事实行动比咒骂更有力量。

二、背景支配着人物：写背景时没有注意到人的变迁。以后要人物支配背景：是农人在饥饿中劳动，不是画家把农民作为点缀品，

---

① 尚钺：《怀念鲁迅先生》，《抗战文艺》1939年第5卷第1期。

来完成风景画。打铁的运动固然是健康的运动，但过度的劳动却使打铁的运动损害健康。（被略三十余字）

三、一篇小说是社会的一个方面发展的一个段落，不是照像（相），更不是电影般的一片片连系（续）的照像（相）。一个动作，多方面都要配合着发展，"一人向隅，全场不欢"的谐和作用是需要注意的。即使一人向隅，全场仍然欢喜，他只在表现中需要时才能用。

四、一篇小说不是一套连环图画：人物的感情变化时的接构处要特别注意。加注解式的说明，只是破裂的痕迹，使完整的东西成为灭裂的。[①]

尚钺在校稿的过程中，受到鲁迅的真心教诲，尚钺在教诲中悟出了很多道理。

---

① 中国社会科学院文学研究所鲁迅研究室编《1913—1983鲁迅研究学术论著资料汇编》（第三卷），北京：中国文联出版社，1987年，第194页。

第四章 《豫报副刊》任主编

《豫报副刊》创刊

1925年暑期，尚钺离开北京之后回到河南开封，和吕蕴儒、向培良、高歌等办起了《豫报副刊》。

《豫报》是日报，1925年5月4日创刊于河南开封（当时河南的省会），社址在砖桥街。由吕琦（吕蕴儒）主办，高歌、向培良等参与编辑工作。《豫报副刊》是随报逐日发行的综合性文艺副刊，每日出版16开纸共4页，在当时具有一定的进步倾向。主要撰稿人有曹靖华、尚钺、徐玉诺、张目寒等。

董大中在《高鲁冲突——鲁迅与高长虹论争始末》一书中指出：《豫报副刊》是狂飚社成员高歌、向培良、吕蕴儒经过近半年时间筹备才于1925年5月4日创刊的。在《豫报副刊》筹备和发行的过程中，都曾得到过鲁迅的关心和支持。

《鲁迅全集15·日记》1925年1月22日载："上午得高歌信，十八日开封发。"是筹备之初。1925年4月14日记："晚培良以赴汴来别，赠以《山野掇拾》一本及一枝（支）铅笔。"4月22日的日记又写道："上午得吕琦信，附高歌及培良笺，十八日开封发。"看来，高歌、向培良、吕蕴儒都在1925年4月18日从开封寄信给鲁迅，鲁迅第二天便给他们三人写了回信。这三封信于1925年5月6日分别以"通讯（复高歌）""通讯（复吕蕴儒）""通讯（致向培良）"为题刊发在《豫报副刊》上。鲁迅给吕蕴儒的信说："得到来信了。我极快慰于开封将有许多骂人的嘴张开来，并且祝你们'打将前去'的胜利。"[1]给向培良的信也说道："我想，河南真该有一个新一点的日报了；倘进行顺利，就好。"[2]

1925年5月7日，鲁迅收到两份《豫报》，8日，他就写信给吕蕴儒、向培良，说看到《豫报》后，"使我非常快活，尤其是见了那《副刊》。因为它那蓬勃的朝气，实在是在我先前的预想以上，你想：从有着很古的历史的中原，传来了青年的声音，仿佛在预告这古国将要复活，这是一件如何可喜的事呢？"[3]

鲁迅在《豫报副刊》创刊号发表的《我们的几句申明》中指出："这个小小的副刊，我们的意思，是要把他作为一个研究学术的机关，以庄严的态度，整肃的精神，坚毅不屈的意志，来讨论科学哲学艺术以及种种人生问题，登载的范围很大，无论是翻译创作，只要不是旧的传统的思想或者教科书式的东西，凡是有益于青年的——因为我们所最注目的是现在的青年——尤其是批评的文字，都十分欢迎。……对于新进的青年作家，我们愿意尽我们的力量而有所帮助。将来怎么样呢？时间会告

---

① 《鲁迅全集7·集外集拾遗》，北京：人民文学出版社，2005年，第282页。本书所引《鲁迅全集》均出自此版本，后文不再一一注明。

② 《鲁迅全集7·集外集拾遗》，第283页。

③ 鲁迅：《鲁迅大全集3·创作编》，武汉：长江文艺出版社，2011年，第140页。

诉我们。现在，我们只是努力干，一直的（地）向前进罢！"①

《豫报副刊》所刊文章内容包括论坛、评述、小说、诗歌等，栏目各有负责人。论坛撰稿人有向培良、高歌、曹靖华、台静农等人，小说栏的作者有向培良、高歌等人，诗歌栏则主要是徐玉诺等人。尚钺既有评论，也有小说，还有译文刊发。吕蕴儒、高歌、张目寒三人都是鲁迅在北京世界语专门学校任教时的学生。1924年，向培良在北京私立中国大学学习时就开始与鲁迅交往。1926年，鲁迅为向培良编选了小说集《飘渺的梦》，并介绍给北新书局出版。尚钺与曹靖华都是在北京大学旁听过鲁迅课的学生。由此可以看出鲁迅与《豫报副刊》的关系之密切。

据董大中《高鲁冲突——鲁迅与高长虹论争始末》一书中介绍，张目寒是安徽霍邱人，1925年年初，世界语专门学校停办，张目寒没有找到称心的职业，《豫报副刊》创办后不久，高歌等把他拉到开封，参加《豫报副刊》的编辑。尚钺是狂飚社成员，又是河南罗山人，自然会积极加入编辑队伍之中。尚钺具体是什么时候到开封的，这个时间不好确定。《鲁迅全集15·日记》1925年6月14日记："晚钟吾、有麟来。"1925年6月20日记："得尚钟吾信。"直到1925年8月9日的日记中才又记："上午……寄尚钟吾信……下午钟吾、长虹来。"这说明从1925年6月14日至1925年8月9日，尚钺这段时间不在北京，应该在河南，主要是开封。

尚钺自1925年5月23日第一次在《豫报副刊》第19号上刊发《杂感》后，6月3日、21日、23日、27日各发一篇，而从1925年7月2日起日益增多：2日、9日、10日、12日、14日、16日、18日、19日、20日、

①　转引自李允豹主编《河南新文学大系·史料卷》，郑州：河南大学出版社，1996年，第18—19页。

22日、25日、28日、30日、31日，共有40余篇（次）。

尚钺在《豫报副刊》上发文的数量和次数为何骤然多了起来？是因为《豫报副刊》的几位编辑或者说组织者之间发生了争执、冲突。最后，尚钺上位主持了一个月的《豫报副刊》。

《豫报副刊》改组

《豫报副刊》创刊之后，经过了两次改组。第一次改组在1925年端午节前后，结果是吕蕴儒、向培良、高歌失去了主动权，有稿也不能发在《豫报副刊》上；第二次改组应该在1925年6月底7月初，尚钺取得了主动权。从1925年7月6日尚钺从开封发给鲁迅的信中可以看出其中变化的情况：

> 《豫副》又要改组了，张君目寒本是想来借着报馆的名义，自己好从狗的生活上，进到猪的生活上，享一点利益，不意，天与愿违，现在已走到"哭途穷"的时候，尤其是当副刊的记者，因为自己不会作文章，所以步步走的都是"头顶春窝玩狮子，使死不中看"的步伐，而且又没有所谓的薪水若干元，于是也懒了，是以于此次端节大示威特刊征文问题［先是他逼着我，培良，王僧慧，高歌诸人作文，俟发表时则局（居）然的均在被落第之列，因而王僧慧（总编辑）将他的文章捡出当社论发表了，高歌将他的文章撕碎了］，因为他勉强发表了似通不通的曹靖华的和漫云（女扯白党）的两篇文章，惹起诸人的反感。一事未了，他又发表了一篇曹靖华的《告敢死队》的一文，（此文想先生已看过，实属谩骂，头昏的作品）本社人都不满意，以致辞

职，想不久就要往北京去了，彼时我师或许要听见一番大骂《豫报》同人的言词吧，但我觉得《豫报》固然有可骂的地方，而若出之张君之口，则实为《豫报》之大不幸，因为张君之为人亦卑鄙污浊之下流也。利用之不成而骂之，固中国人之常然，此钺之所以不以为异（意）者。下届的编辑经吕君（经理）曾数次拟及钺，我屡以不能久留答之，故又有请徐玉诺之议，但鹿与谁手，此今日尚不敢一定也，但若攸归于钺时，则只许其至多一月，再长不卜，若不归我，则幸矣。①

信的这段内容讲述了《豫报副刊》改组的基本情况，第一次改组自然是张目寒得势，第二次改组虽未有结果，但从此后尚钺在《豫报副刊》发文的数量上可以看出，尚钺主政了。这是一封长信，信中的内容十分丰富。信的开头，尚钺说："近来开封苦雨……我是不堪其苦，但又无法可想，昨接我师的来信，叫我治我的病症的法子的'从现在地离开'，我的确知道这是治我现在病的良策，但奈'孔方兄'之苦阨何！因为我现在正替奴隶作狗，所以去留亦将任我的奴隶主人的指使（我主人指使我的法子有二：1. 感情；2. 孔方兄，不过在我个人，只要孔方兄助我，我便可以解决。）所以前日我说（与有〇信）要回家，现在又终止。但我又想着从今日起多则一月少则半月我总可以离开这狗洞。"②

显然，鲁迅知道尚钺在开封、在《豫报副刊》的处境，所以，他让

① 《尚钺致鲁迅》，载北京鲁迅博物馆、鲁迅研究室编《鲁迅研究资料》（第十四册），天津：天津人民出版社，1984年，第345—346页。

② 《尚钺致鲁迅》，载北京鲁迅博物馆、鲁迅研究室编《鲁迅研究资料》（第十四册），天津：天津人民出版社，1984年，第345页。

尚钺"从现在地离开"。这里"昨接我师的来信"当是鲁迅1925年7月2日上午寄给尚钺的信（见《鲁迅全集15·日记》1925年7月2日："上午寄尚钟吾信。"）。也就是说，在此之前，《豫报副刊》改组及编辑之间的矛盾，鲁迅已略知一二，出于对尚钺的关心，鲁迅便写信希望尚钺"从现在地离开"，离开后，到什么地方，尚钺没有透露更多内容，也不得而知。在给鲁迅的这封信中，尚钺写到开封有一部分青年十分崇拜鲁迅。"一见鲁先生的东西，就想看，然而不知他说的什么？可是放下不看呢，心中又不舍。"尚钺认为，这部分青年是需要有人来引导、指导。如果引导得好，他们会走上正道，但在那时那地，尚钺"只得长叹一声，由他去吧"。信的结尾，尚钺写道："我留在先生那里的几篇小说，有机会，先生以为可以发表的，仅可以随便发表，有○逼去的'捉麻雀'我已看见了，不过上面的错字太多，这我知道是我写的字不好的缘故，但也无法。现在在此地想写东西，非常困难，而且也写不出，我常常焦灼的（得）难过非常，真不知将要怎地好？？？……"[①]

其中尚钺提到的小说《捉麻雀》分两次刊载于《民众周刊》上，即1925年6月30日第26期和1925年7月7日第27期；另有《小仙人》刊于《民众周刊》第25期；《死女人的秘密》（[法]莫泊桑著，尚钺译）刊于1925年7月3日《莽原》第10期；《八哥》《梦幻的路》分别刊于1925年7月10日《莽原》第12期、1925年7月24日《莽原》第14期。以上这些应该就是尚钺留在鲁迅那里的稿子，也都先后刊发了。

---

① 《尚钺致鲁迅》，载北京鲁迅博物馆、鲁迅研究室编《鲁迅研究资料》（第十四册），天津：天津人民出版社，1984年，第348页。

致信鲁迅

尚钺在写不出东西，不知该怎样做才好的时候，如1925年7月10日，就写信告知鲁迅："现在我在编'豫副'，我师想已知道了，不过编'豫副'我忙自忙，然而从这忙之中我的生命又突然现于恐慌之中，这个恐慌之袭来的缘因约分远近。"[①]接着尚钺向鲁迅叙写了"远因"和"近因"，他说远因是刚到开封时，就与张目寒"弄的不对头"，"屡屡次次发生似乎要冲突的面容"，每次有人劝解而相安无事，但是在张目寒心中"却大大种上一种仇恨"。其"近因"则是，"在前日——那一日我忘了——的上午，我在门前接到漫云女士与张目寒和吕蕴儒的来信，我当时就与他们扯开了"。扯开之后，王僧慧、汪复（后）之赶到了，把信拿给大家一起看，看后，他们把信扔到了地上，吐唾沫，说脏话。原来信的内容是希望《豫报副刊》为纪念冯省三[②]开辟一个特别的周年纪念刊，"因此张君就大发皮（脾）气了，我不能忍，就抢上去，幸而没有打起来，从此我们便不说话了，他便在外边暗洒我们的谣言了"。张目寒就说尚钺、汪复（后）之因为有女朋友让他们教英语，女校的女生过节时给他们送点吃的是女师校长在支持他们、联络他们……"最后，他又说到陈春培（第一队队长，漫云近来的 love）丘八爷那里大说我们怎样污辱他们，这丘八爷便大发皮（脾）气，坐地要吕蕴儒往他营盘去答话（拼枪），并且访问尚钺的住址，所以我说我的生命进到惊恐之中，不过我不怕。"于是，尚钺他们便请巡警进行保护，结果"张君即匆匆由报社搬出去了，

---

① 周海婴编《鲁迅、许广平所藏书信选》，长沙：湖南文艺出版社，1987年，第45页。

② 冯省三，山东平原人，1923年与陈声树等创办世界语专门学校，曾请鲁迅到校任教。张目寒是该校学生。

现在不知到京也未"。也就是说，张目寒因此丢掉了在《豫报副刊》的工作，《鲁迅全集15·日记》在1925年7月10日记载："下午静农，目寒来。"说明张目寒已经回到北京。

在《豫报副刊》争夺编辑发稿权的过程中，尚钺不仅与张目寒发生冲突，他还与曹靖华产生了矛盾。在鲁迅保存的尚钺写给鲁迅的两封信件中都有表述。第一封信说："致于象大言不惭的流氓如曹靖华者流，则更不堪言状矣，因为他根本就不知道什么叫做'人'，虽然他也经读过几本俄罗斯的'人'的分析大众的东西，还那里配谈国呢，所以我敢相信，纵使他说也是假的。"① 第二封信写道："此外我还有一件危险的事情，即听说曹靖华和微波社诸同人，将在河南〈新中州报〉社要求出一副刊，其目的即在'打倒〈豫报〉社，骂死尚钺'，并且还'使我永远不得露头'，他们的目的虽然如此，尚钺是不是能不能被他们一骂就死，实是一个极大的问题，而且我还长的有只笨嘴，将来不开战则已，一开战我定将双份都寄与我师看，不过他们要是谩骂（如曹君的文）我或者也竟置之不理。"②

这里之所以把信中关于曹靖华的内容挑出来，目的是想引起读者的重视。曹靖华与鲁迅、张目寒、尚钺都有着特殊的关系，尤其是曹靖华与尚钺，他们既是同学又是姊妹弟兄，曹靖华的夫人尚佩秋是罗山人，是尚钺的堂姐。曹靖华此时为什么也在开封呢？尚钺来到开封应该多少也与曹靖华有一定的关系。

---

① 周海婴编《鲁迅、许广平所藏书信选》，长沙:湖南文艺出版社,1987年，第42页。
② 周海婴编《鲁迅、许广平所藏书信选》，长沙:湖南文艺出版社,1987年，第46页。

第五章 一介书生耿介强

曹靖华其人

曹靖华（1897—1987），河南卢氏县人，1916—1920年在开封的省立二中学习，比尚钺高两级。曹靖华在省立二中学习时是青年学会的主要发起人，也是出席全国学联第二次代表大会的河南两名代表之一（另一位是开封第一女子师范的学生、信阳人涂亚超）。他毕业后到上海谋生，在泰东图书局的编辑张静庐举荐下当了一名校对员。1920年年底，曹靖华考入新成立的渔阳里外国语学社，学习俄语，同时加入社会主义青年团。之后由外国语学社派往苏联学习，与他一起去的有任弼时、傅大庆、罗亦农、萧劲光、韦素园、吴葆萼等，王一飞带队，中国班任课堂翻译的是瞿秋白和李宗吾。1922年7月，曹靖华因病申请回国，由韦素园、吴葆萼等陪同。1923年，曹靖华在北京大学旁听俄语课程的同时，旁听鲁迅的中国小说史课，并赴宫门口西三条鲁迅寓所拜访鲁迅，聆听教诲。

曹靖华虽然是北京大学的旁听生，但是他非常活跃。1923年，他开始练习翻译，这时瞿秋白应陈独秀邀请从莫斯科回国，住在北京黄化门其叔父瞿菊农家里，曹靖华常去看他。有一次，曹靖华把自己的第一篇译稿——契诃夫的独幕剧《蠢货》带去让瞿秋白指教。瞿秋白看后十分欣赏，就在他担任主编的季刊《新青年》上发表了。1923年12月，为了庆祝北京大学建校25周年，俄语系用俄语演出了《蠢货》，曹靖华又把自己翻译的契诃夫三幕剧《三姊妹》寄去，经瞿秋白修改后交给郑振铎，列入"文学研究会丛书"出版。此后，曹靖华又陆续翻译出版了独幕剧集《白茶》等。此时，曹靖华加入了文学研究会。

学兄曹靖华在北京大学的出色表现，自然引起了尚钺的关注。在曾克主编的《春华秋实（续集）》中，有一篇题为《关于曹靖华同志在北仓女中任教情况》的文章（落款日期是1988年1月18日），说："我和靖华是在北平（解放前北京之称）经尚钺介绍认识的。1923年寒假，靖华由北平回河南罗山县我的老家。因生活困难，西安有人请他到陕西大学教中国现代文学课。当时我在开封女师读书，还差一年毕业，功课也学得差不多了，就决定和靖华一道去西安。他去陕西大学教书，我去入该校中文系学习，学校也同意了。我们于二月中旬，农历正月十五过后一起来到开封，准备停留些时，看看亲戚朋友，再赴西安。但就在这时，吴佩孚（北洋军阀）与胡景翼（国民革命军）的战事起来了，洛阳路断，只得羁留开封。"[①]

据曹苏玲、施晓燕编《曹靖华生平年表》载："（1924年）1月底，（曹靖华）参加在北大三院大礼堂举行的列宁逝世追悼会，大会由李大钊主持。2月，曾利用寒假偕未婚妻尚佩秋回罗山探亲，中旬回到开封，经

①　尚佩秋口述、曹苏玲整理：《关于曹靖华同志在北仓女中任教情况》，载曾克主编《春华秋实（续集）》，北京：北京日报出版社，1989年，第28页。

介绍至北仓女中讲授中国现代文学，不久因所持进步观点被迫辞职，重返北大旁听。

"（1925年）1月，与尚佩秋（1901—1990）在罗山成婚。尚为河南罗山县人，毕业于开封一女师及北京培华女校。建国初期在中苏友协及苏联驻华使馆工作，后任北京市第四十中学俄语教师直至退休。

"春，（曹靖华）由李大钊推荐与韦素园前往开封任北伐国民革命军第二军苏联顾问团翻译，期间向顾问团苏方译员王希礼推荐鲁迅小说《阿Q正传》，由其译成俄文。自此开始与鲁迅通信。"①

经查，曹靖华1923年11月1日译独幕剧《求婚》在上海《妇女杂志》第9卷第11号发表，署名靖华。1923年12月20日，独幕剧《狗熊》（即《蠢货》）在《新青年》季刊第2期发表，署名曹靖华。而1925年曹靖华在《豫报副刊》上刊发的文章只有三篇：《呜呼"狗子"，可以休矣》（6月11日）、《答新宇君》（7月8日）、《告敢死队》（8月3日）。②

不难看出：一是尚钺把自己的堂姐介绍给曹靖华，说明曹靖华是一个有为可信的青年；二是尚钺与曹靖华同在省立二中学习，曹靖华高两级，可谓尚钺的学兄；三是尚钺回到河南没有明确的政治任务，有可能只是为了谋生；四是曹靖华是带着任务回河南的，他在李大钊指派下，和好友韦素园一起到开封担任苏联顾问团的俄文翻译。那么，尚钺在给鲁迅的两封信中为何对曹靖华丝毫不留情面地大肆谩骂？这着实令人费解。

---

① 上海鲁迅纪念馆编《曹靖华纪念集》，北京：中国福利会出版社，2007年，第435、436页。

② 刘增杰：《鲁迅与河南》，郑州：河南人民出版社，1981年，第34页。

尚钺艰难的生活

李凌在《尚嘉齐（琦）的悲剧人生》（《纵横·人物春秋》2005年第12期）一文中说："尚嘉齐（琦）是著名历史学家尚钺和第一任妻子陈幼清于1924年所生的第二个儿子。"

据资料记载：1937年的暑假，尚钺从宁夏到天津去，拟与友人合译一部苏联名剧，谁知到北京时正逢"七七事变"。尚钺的儿子尚嘉芝当时只有十四五岁，正在北京读补习学校，预备投考中学。北京于7月29日沦陷，各路交通断绝。8月7日，平津通车，尚钺始化装为商人领儿子尚嘉芝准备取道天津回宁夏。在路过天津杨柳青时，三次遭遇土匪，被洗劫一空，真是太艰难了，幸得高沐鸿协助，尚钺父子始得于9月返回宁夏。由于一路生活艰辛和饱受惊饿，尚嘉芝到宁夏后身体就不太适应。10月，尚钺联系好在宁的工作及孩子借读事宜，……11月底，尚嘉芝由于中耳炎病，被送到宁夏一小卫生院医治，……但由于当时卫生院太小，医疗条件太差，1937年12月1日，尚嘉芝这个大别山区有名的"红小鬼"，居然不幸早逝。文中提到1937年尚嘉芝十四五岁，推知尚嘉芝当出生于1922年左右，他是尚钺的长子。也就是说，尚钺在1922年之前，就已经结婚了。

《尚钺先生》一书中，有一篇文章《忆陈幼清（答曾外甥尚钢①问）》，作者是陈幼清的弟弟陈树芬，文章说：

陈幼清身高约一米六，一般身材，圆形头脸，眼珠稍鼓，修一

---

① 尚钢是尚钺二儿子尚嘉齐（琦）的长子，即尚钺的长孙。

女士短发，人显得特别精干。

青年时读过私塾及夜校，具有高中文化水平。你太祖母姓易（你上四代你祖父尚钺的奶奶），我母亲姓易，光山县马家畈汪家窑易家。我母亲是你太祖母的亲侄女。你祖父祖母论亲戚关系是表姊妹。由于有这种亲戚关系，年幼而熟识，经常往来建立了深厚情感。

你祖母婚后，由于她学习好，兼得罗山县中共党委的培养及你祖父的帮助，未几年而成为一个共产主义坚强战士。结婚时间约在1920年，你祖父仍在求学期间。

婚后他俩情志好，每年暑假必来家在农村作社会宣传活动。你祖母对你祖父照顾十分周到，每天忙着给你祖父煮大米饭，做些好吃的菜，在一起时，与现代青年一样，亦是左右不离，有说有笑。亲切得很。生了三个孩子，老大嘉芝，老二是你父亲，老三叫海伦。[①]

据此可以梳理出：一是尚钺的祖母是尚易氏；二是陈幼清的母亲陈易氏与尚钺父亲同辈，是尚钺奶奶的侄女，尚钺的父亲应该是陈幼清的表舅，陈幼清的母亲是尚钺的表姑母；三是尚钺与陈幼清约1920年结婚；四是尚钺与陈幼清有三个儿子，嘉芝、嘉齐（琦）、海伦。

《忆陈幼清（答曾外甥尚钢问）》一文中还写道："中共罗山县委党史工作委员会编《要事纪略》第60页第10、11行记载：'……连同两个幼子一块关押，经群众哀求将孩子抱出……'由此记载，你奶奶随红军南下时是将你父亲及海伦一起带在身边的。我事后得知，说两个孩

---

① 《尚钺先生》，第170页。

子，一个送回罗山，另一个四岁给了人家抚养。但当时社会很乱，无法追查。"[①]经查《罗山革命史要事纪要》，陈幼清当时被杀在宣化店，据目击者事后说，宣化店北七座破窑，被杀的人填满了三座窑，时间是1932年1月。据此，"另一个四岁给了人家抚养"的海伦应该出生于1928年。李凌在《尚嘉齐（琦）的悲剧人生》中亦写道："陈幼清被处决时，经在场群众苦苦哀求，同被关押的两个儿子被救了出来。时年4岁的尚海伦后来不知下落。时年11岁的尚嘉芝后追随红军当了红小鬼，作战时被俘，经尚氏家族出钱赎回，和老二尚嘉齐（琦）一起在家乡读私塾。"[②]从中可以推知，尚嘉芝出生于1921年。这样一来，可以这样说，尚钺1920年与陈幼清结婚，1921年长子尚嘉芝出生，1924年次子尚嘉齐（琦）出生，1928年三子尚海伦出生。

厘清了这些情况，可以得出，1925年时，尚钺已经是两个儿子的父亲，其父母早亡，祖母还在，也就是说尚钺一家这时共有五口人，即妻子陈幼清、长子嘉芝、二子嘉齐（琦）、祖母和尚钺。家里虽有一份薄田，但五口人都要吃饭，尚钺还要求学，这些经济上的压力全部压到了尚钺的肩上。

1925年尚钺离开北京到开封后，其目标也很明确，就是利用暑假多挣些钱，一是用来养家糊口，二是缴学费，而能在报刊上发表作品或是接编《豫报副刊》，对于尚钺来说十分重要。所以，他要争夺地盘。然而在争夺的过程中，就无情地得罪了张目寒和曹靖华。张目寒是韦素园的同学兼安徽老乡；韦素园与曹靖华同赴苏联，又一同回国，1925年春又

---

① 《尚钺先生》，第171页。

② 李凌：《尚嘉齐（琦）的悲剧人生》，《纵横·人物春秋》2005年第12期。

同时受李大钊指派来到开封做翻译工作，二人感情之深亲如兄弟。从某种方面说，尚钺与张目寒闹矛盾就是不给曹靖华脸面，有可能在整个争斗过程中，曹靖华批评过尚钺，引起了尚钺的不满。尚钺在1925年7月10日给鲁迅的信中说："我大约再有四星期就可以到京了。"这四个星期过后，即整整一个月，也就是在8月份，他要回北京结束暑假的"打工"生活。果如其言，尚钺在1925年8月初回到了北京。就是在这场所谓的"争斗"中，尚钺与曹靖华从此结蒂。尚钺在开封与张目寒的矛盾，应该是为后来尚钺与鲁迅之间出现不愉快，甚至为尚钺误会、抵触鲁迅埋下了伏笔。

关于这些，亦可参见廖久明的著作《高长虹与鲁迅及许广平》一书。张目寒与安徽作家群核心人物韦素园不但是同乡，并且是小学同班同学，曹靖华虽然不属于安徽作家群——他是河南卢氏人，却与韦素园有着非常密切的关系：他们都是共产国际第三次代表大会上海社会主义青年团成员，并且一起进入莫斯科东方大学学习；1922年，他们又一起和同学吴葆萼、廖化平回国。回到北京后，韦素园入俄文法政专门学校学习，曹靖华则在北京大学旁听鲁迅的中国小说史课。不久，曹靖华回河南，在开封国民革命军第二军工作。1925年冬（此时韦素园已经返回北京），曹靖华"从韦素园的信知道成立未名社"的消息后，从开封寄去50元作为入社基金，成为未名社成员。[1]

祸起张目寒

尚钺与曹靖华的恩怨因张目寒而起，这种推理不会牵强。曹靖华

---

[1]　廖久明：《高长虹与鲁迅及许广平》，北京：东方出版社，2005年，第74、75页。

与韦素园是患难之交，韦素园与张目寒既是同乡，又是同学。张目寒是谁？他后来的人生道路又如何？

张目寒（1902—1980），号雪盦，安徽省霍邱县叶家集人，与"未名四杰"同属于一个集镇。1914年秋，叶家集办起了明强小学，张目寒和韦素园、台静农、李霁野都转到明强小学高级班读书。张目寒、韦素园都出生于1902年，台静农1903年出生，李霁野1904年出生，韦丛芜（韦素园的四弟）1905年出生。

经查，张目寒在《鲁迅全集15/16·日记》中出现了35次，而这"未名四杰"与鲁迅的交往都与张目寒有关。韦丛芜在《读〈鲁迅日记〉和〈鲁迅书简〉——未名社始末记》中写道："一九二四年九月二十日的日记记了张目寒把李霁野译的《往星中》送去给先生看，这是最初的关系。目寒和素园、青君、霁野、我都是安徽霍邱县叶家集明强小学校第一班同班生，这时目寒在北京世界语专门学校读书，是鲁迅先生的学生。一九二五年三月二十二日目寒带霁野去见鲁迅先生，二十六日霁野把我署名蓼南的短篇小说《校长》寄给先生，二十八日先生即转寄郑振铎先生，后来刊登在《小说月报》上，这就是我同鲁迅先生最初的关系。"又说："记得大约在这前后，目寒曾把我译的并经过素园对照俄文修改的《穷人》送给鲁迅先生看，蒙修改若干处，但日记上竟未记。四月二十七日目寒带青君去看鲁迅先生，五月九日又带我去。五月十七日目寒又带素园和青君去看鲁迅先生。在这两个月期间，我们五个人都同鲁迅先生认识或发生联系了。"① 而张目寒从河南回到北京之后见过鲁迅，此后又

---

① 韦丛芜：《读〈鲁迅日记〉和〈鲁迅书简〉——未名社始末记》，《鲁迅研究动态》1987年第2期。

到了哪里？鲁迅对他的看法又如何呢？这些问题也同样值得探究。

据《鲁迅全集15·日记》载，1925年7月10日："上午寄许广平信。寄尚钟吾信。午后往中央公园。下午静农、目寒来并交王希礼信及所赠照相，又曹靖华及译稿。晚仲芸、有麟来。夜得吕云章信并稿。"1925年7月11日："晚目寒、有麟来。"1925年7月26日："上午得韦素园信并稿。得曹靖华信。下午张目寒及汪君来。晚金仲芸来。"1925年8月12日："晚张目寒来。"1926年1月18日："午后访李霁野，托其寄朋其稿费十二，遇张目寒，托其寄荫棠稿费二。"[①]

从张目寒到北京后与鲁迅见面的次数看，1925年7月至1926年1月，六七个月时间仅有6次，可见次数不是很多了。一方面真如尚钺所言其"自己不会做文章"，另一方面可能是鲁迅对张目寒有了一些新的认识。关于这一点，从1926年12月8日鲁迅给韦素园的信中可以窥见一斑："我对于你们几位毫无什么意见，只有对目寒是不满的，因为他有时却是'无中生有'的造谣，但他不在京了，不成问题。"[②]那么，张目寒到哪里去了呢？

张目寒是安徽霍邱县叶家集大顾店人。明强小学创立者管传训的叔父，曾任安徽省学堂教员、张敬尧与许世英慕僚的管笠，写有一首诗，诗题为《送张目寒赴莫斯科就学》：

桓侯豪俊快人意，一奋能成万里行。

---

① 本段引文出自《鲁迅全集15·日记》，第572—605页。

② 六安市老新闻工作者协会编《韦素园全集》，合肥：黄山出版社，2019年，第526页。

悉比亚遥风正紧，如山积雪绕车明。①

　　据安徽作家柳冬妩推测，"张目寒去莫斯科就学，时间估计在1925年秋天之后"。这个"之后"，当是1926年1月之后。也就是说，张目寒1926年1月之后到莫斯科求学去了。去了多长时间，现在没有资料可查。从现有能查到的关于张目寒的介绍中，可略微知道张目寒后来所走的道路是艺术和政治，而没有专业从事文学写作了。另据现有资料，张目寒平生有两本文集，其一是游记散文《蜀中纪游》，大风堂印行，西南印书局承印，1944年5月版；其二是文艺掌故随笔《雪盦随笔》，张大千序，于右任题写书名，1956年5月，畅流半月刊社初版。

　　1980年2月23日，张目寒去世。在北京的曹靖华写了《哀目寒》一文，刊发在1980年10月20日《人民日报》上。文章写道："和目寒的交识，却是稍后的事了，确切的说，是在沙滩'红楼'一代自学、苦学的时期了。""那时，目寒在世界语学校向鲁迅先生学世界语，没有追踪着巨人的脚步向'宽阔光明'的大道走下去，他厌弃旧政权，认为是不可救药的，可是没有找到新的力量，没有找到最正确的引路人，无可奈何地长期徘徊于十字街头，犹豫而终！哀哉！"在曹靖华看来，"目寒梗（耿）直、浑厚、愤世嫉俗、嫉（疾）恶如仇、不满（当时的）现实，名气重，有是非之心……这样两袖清风地吃了一辈子苦"。"生平交往，觉得目寒是可同风雨、共患难的人。这样的朋友去世，闻之难负（免）有悲凉之感。"②

　　① 柳冬妩：《江山幽处客重经——一个家族的诗歌史》，广州：花城出版社，2018年，第372页。

　　② 曹靖华：《曹靖华译著文集》（第9册），北京：北京大学出版社，1992年，第457、458页。

张大千在给张目寒撰写的挽联中写道："春草池塘，生生世世为兄弟；对床灯火，风风雨雨隔人天。""春草池塘"引自六朝诗人谢灵运《登池上楼》中"池塘生春草"，以此说明自己与张目寒的关系，犹如谢灵运与其族弟谢惠连的关系。"对床灯火"，描写两人深夜对床说话的亲密情景，极为感人。这副挽联写尽哀痛。

从张目寒与张大千等书画及政界交往的人物来看，张目寒并不是可恨可憎之人。按曹靖华的话来说，他是一位"可同风雨、共患难的人"。当年，他与尚钺交恶，尚钺也有一定的责任。后来，鲁迅淡化张目寒，可能是张目寒在尚钺、高歌、向培良，以及高长虹与鲁迅之间产生误会，甚至冲突起到了一定的作用，或曰，"挑拨"了他们之间的关系。而那时的张目寒、尚钺等人才20余岁，正值青春年少，血气方刚。假如相互之间多一分宽容、忍让，中国现代文学史上就不会出现"高鲁冲突"，或将是另外一番景象。

尚钺深深地感受到人生就是一场无休、无歇、无情的战斗！

第六章　虔诚忏悔心犹痛

一场误会

张目寒到北京后不久，便从文坛上消失了。[①]而尚钺1925年8月从河南回到北京后，于8月9日、18日和高长虹一起看望过鲁迅。尚钺当时虽然已经结婚，而且有了两个儿子，但他还是北京大学本科班未毕业的学生。所以，尚钺回北京的主要目的还是求学。1925年9月24日《北京大学日刊》载有《尚钺启事》："我的"词家专集"笔记那（哪）位借去了，请速交一斋号房是盼。"说明这个时候尚钺还在北京大学。然而，尚钺并没有继续他的学业。1925年12月3日《北京大学日刊》载《北京大学布告》之"后开各生现尚未到校应即令其休学一年此布"，其中本科18人，学生中就有尚钺的名字。《鲁迅全集15·日记》显示，1926年1月15日、2月13日、12月13日及1927年4月7日，尚钺曾4次写信给鲁迅，其中1926年2月13日，尚钺还给鲁迅寄了稿子。此后就不见尚钺来访鲁迅或写信给鲁迅的记载了。从某种意义上可以看出，鲁迅与尚

①　1947年5月16日《国民政府公报》载"国民政府令"："任命丁岐详、程祖劭、张目寒为监察院调查专员。此令。"张目寒后来跟随于右任赴台湾，曾任监察院秘书长。

钺师生二人关系发生了变化,而且不是一般的变化。尚钺后来发现是自己错了,误会了,便写了一封长信向他的"迅师"忏悔。董大中认为,尚钺之所以对鲁迅产生误会,主要原因是"他把对安徽作家群的不满发泄到鲁迅身上了"。但也不全对。

其理由如下:一是尚钺1925年8月从河南返回北京之后曾有两次到鲁迅家中,以前鲁迅总是把尚钺当成亲密的学生,让他到书房里,虽然很小、很拥挤,但尚钺倍感亲切,感受到老师或曰父辈与晚生晚辈之间特有的温暖,而这两次,却与以前大不相同——鲁迅在家里辟了一个客厅,让尚钺等在客厅里见面。尚钺有"失宠"的感觉。

据高长虹《一点回忆——关于鲁迅和我(二)》记载:"(1925年秋)一天,尚钺到我的住所来说,鲁迅家里开了间客厅出来,他却被请在客厅里了,所以他很生气。我只几天没有看见鲁迅,觉得奇怪。我去时,不料也被挡在客厅里。从此以后,这些青年朋友们的足迹,在鲁迅的家里就很少看见了。一直到他病好以后,才恢复了原状。不过,友谊间再也没有从前那样的休戚相关了。"①其实鲁迅这样做,并非针对尚钺。鲁迅在《集外集拾遗补编·新的世故》一文中写道:"青年们说,不见,是摆架子。于是乎见。有的是一见而去了;有的是提出各种要求,见我无能为力而去了;有的是不过谈谈闲天……有的却这样那样,纠缠不清,知有己而不知有人,硬要将我造成合于他的胃口的人物。"②这篇文章写于1926年12月24日,而鲁迅写这篇文章是有针对性的。鲁迅一改接待

---

① 山西省盂县《高长虹全集》编辑委员会编《高长虹全集》(四),北京:中央编译出版社,2010年,第361、362页。

② 《鲁迅全集8·集外集拾遗补编·新的世故》,第186页。

朋友的方式，尤其是青年朋友，让他们感觉到了鲁迅的冷淡。

二是鲁迅对高长虹和尚钺等狂飚社成员是有看法的。从鲁迅致韦素园的信件可以看出鲁迅对高长虹和尚钺等人的态度。

> 十月廿八及卅日信，今日俱收到。长虹的事，我想这个广告（指《新女性》月刊第一卷第八期 [1926 年 8 月] 所载的《狂飚社广告》，意在暗示读者，鲁迅好像也参与了他们的所谓"狂飚运动"）也无聊，索性完全置之不理。（1926 年 11 月 7 日）

> 我想《莽原》只要稿，款两样不缺，便管自己办下去。对于长虹，印一张夹在里面也好，索性置之不理也好，不成什么问题。他的种种话，也不足与辩，《莽原》收不到，也不能算一种罪状的。

> 要鸣不平，我比长虹可鸣的要多得多；他说以"生命赴《莽原》"了，我也从没有从《莽原》延年益寿，现在之还在生存，乃是自己寿命未尽之故也。他们不知在玩什么圈套。今年夏天就有一件事，是尚钺的小说稿，原说要印入《乌合丛书》的。一天高歌忽而来取，说尚钺来信，要拿回去整理一番。我便交给他了。后来长虹从上海来信，说"高歌来信说你将尚钺的稿交还了他，不知何故？"我不复。一天，高歌来，抽出这信来看，见了这话，问道，"那么，拿一半来，如何？"我答："不必了。"你想，这奇怪不奇怪？然而我不但不写公开信，并且没有向人说过。（1926 年 11 月 9 日夜）

> 我到上海看见狂飚社广告后，便对人说：我编《莽原》，《未

名》《乌合》三种，俱与所谓什么狂飚运动无干，投稿者多互不相识，长虹作如此广告，未免过于利用别人了。此语他似乎今已知道，在《狂飚》上骂我。我作了一个启事，给开一个小玩笑。（1926年11月20日）

《狂飚》第五期已见过，但未细看，其中说谁挑拨之处似颇多，单是记我的谈话之处，就改头换面的记述，当此文未出之前，我还想不到长虹至于如此下劣。这真是不足道了。

…………

《莽原》改名，我本为息事宁人起见。现在既然破脸，也不必一定改掉了，《莽原》究竟不是长虹的。这一点请与霁野商定。（1926年11月28日）

对于《莽原》的意见，已经回答霁野，但我想，如果大家有兴致，就办下去罢。当初我说改名，原为避免纠纷，现长虹既挑战，无须改了，陶君的画，或者可作别用。明年还是叫《莽原》，用旧画。退步须两面退，倘我退一步而他进一步，就只好拔出拳头来。但这仍请你与霁野酌定，我并不固执。

…………

长虹的骂我，据上海来信，说是除投稿的纠葛之外，还因为他与开明书店商量，要出期刊，遭开明拒绝，疑我说了坏话之故。我以为这是不对的，由我看来，是别有两种原因。一，我曾在上海对人说，长虹不该擅登广告，将《乌合》《未名》都拉入什么"狂飚

狂飙社成员青年尚钺（中）

运动"去，我不能将这些作者都暗暗卖给他。大约后来传到他耳朵里去了。二，我推测得极奇怪，但未能决定，已在调查，将来当面再谈罢。（1926年12月5日）[①]

鲁迅对高长虹等人是有看法的。高长虹等人所谓的"狂飚运动"所奉行的宗旨是激进的，正所谓傲慢与偏见，或者是鲁迅隐隐约约感受到了青年人的傲慢，便有了一定的心理预期和心理准备，只不过他没有想到，高长虹他们来得那么快，又那么凶猛，那么不遗余力、不留余地。针锋相对，那就不可避免了。

尚钺的忏悔

高长虹随着他的"狂飚运动"越走越远，而尚钺却沉静了下来，进行了理性思考。所以，他在《怀念鲁迅先生》一文中说："先生对我的

---

① 以上所引信件内容出自《鲁迅全集11·书信》，第604—645页。

某些缺点，虽然给以暗示，忍耐，说服与等待，但因第三者不断有意地将事实加以曲解，和第四者的挑拨离间，我青年的轻信性便因之伴同着空洞的自信心，抹杀着许多事实而走向误解的道路。这样便使我与先生发生了某种程度的默哑的抵触。这抵触使我将编配好的《斧背》小说集，从先生所编的《乌合丛书》中抽出来，给予上海泰东书局出版了。"① 这"第三者"和"第四者"，不言而喻，分别指狂飙社一般朋友和韦素园、张目寒等安徽霍邱叶家集籍未名社有关人员。

对于尚钺的忏悔，鲁迅在1926年12月14日于灯下致许广平的信中也讲到了。他采取了"置之不理"的态度。

> 狂飙社中人，一面骂我，一面又要用我了。培良要我寻地方，尚钺要将小说印入《乌合丛书》。我想，我先前种种不客气，大抵施之于同辈及地位相同者，至于对少爷们，则照例退让，或者自甘牺牲一点。不料他们竟以为可欺，或纠缠，或责骂，反弄得不可开交。现在是方针要改变了，都置之不理。我常叹中国无"好事之徒"，所以什么也没有人管，现在看来，做"好事之徒"实在不容易，我略管闲事，便弄得这么麻烦。现在我将门关上，且看他们另向何处寻这类的牺牲。②

随着狂飙社成员，尤其是高长虹与鲁迅展开论战，针锋相对，"撕破脸面"之后，鲁迅对这帮青年人的认识逐步情绪化，每每提到他们，

---

① 尚钺：《怀念鲁迅先生》，《抗战文艺》1939年第5卷第1期。
② 《鲁迅全集11·书信》，第655页。

给人的感觉是有切肤之恨。如鲁迅1927年11月3日致李霁野的信中说："狂飚社的人们，似乎都变了曾经最时髦的党了。尚钺坏极，听说在河南，培良在湖南，高歌长虹似乎在上海。这一班人，除培良外，都是极坏的骗子。长虹前几天去访开明书店章君，听说没见他。"①

世界上许多心灵原来不是独立的、整个的，而是好些不同的心灵，一个接着一个，一个代替一个地凑合起来的。所以，人的心思会不断地变化，会整个地消灭，甚至会面目全非。"狂飚社"这一帮青年人，在时代浪潮的冲洗之下不断地分蘖或分裂。

矛盾激化

1926年10月17日，《狂飚》（周刊）第2期刊发了高长虹写于1926年10月10日的《通讯——给鲁迅先生》一信，信中曰：

接培良来信，说他同韦素园先生大起冲突，原因是为韦先生退还高歌的《剃刀》，又压下他的《冬天》。……现在编辑《莽原》者，且甚至执行编辑之权威者，为韦素园先生也。素园曾以权威献人，今则用以自献；然权威或可施之于他人，要不应施之于同伴也。忆月前在上海相遇，我曾以《莽原》编辑为问，你说丛芜生病，霁野回家，目前大概由素园维持，将来则属之霁野。霁野眼明中正，公私双关，总算一个最合适的人物。现在暑假已过，不知霁野何以没有回京。如已回京，又何以仍由素园编辑。如已由霁野编辑，培良

_____
① 《鲁迅全集12·书信》，第84页。

又何以同素园相闹。我真有点不明真相。……忆去年《莽原》改组议初起的时候,你曾要我编辑,我当时畏难而退。虽经你解释,然我终于不敢担任,盖不特无以应付外界,亦无以应付自己,不特无以应付素园诸君,亦无以应付日夕过从之好友钟吾。党同伐异,我认为是客观的真理,然我不愿拿它做主观的态度。然而这个,在当时是行不下去的。若再说到何者为同,何者为异,亦漫无定论。以朋友关系说,钟吾为同,素园为异,以刊物说,《莽原》为同,其它(他)刊物为异。然则即以党同伐异为是,编辑《莽原》,也不能于《莽原》内部而有所党伐也。后来半月刊出现,发行归之霁野,编辑仍由你自任。然从半月刊的形迹之间,几无处不显示有入主出奴之分,此则我不能不为霁野不直者。……今则态度显然,公然以"退还"加诸我等矣!刀搁头上矣!到了这时,我还能不出来一理论吗?①

从此信可知,以高长虹为首的"狂飚"一族与以韦素园或曰鲁迅为首的《莽原》半月刊一族,其"党同伐异"愈演愈烈,以至于高长虹认为韦素园等人对他们已经是"刀搁头上矣!"。此信表明高长虹与鲁迅之冲突公开。

这里,要弄清楚如下几个情况:

一是《莽原》杂志的情况。《莽原》周刊1925年4月24日创刊,到1925年11月27日《莽原》周刊出到32期暂停。《莽原》半月刊1926年1月10日第1期出版,共出48期;1927年12月,《莽原》半月刊到第2卷第24期停刊。

---

① 中国社会科学院文学研究所鲁迅研究室编《1913—1983鲁迅研究学术论著资料汇编》(第一卷),北京:中国文联出版社,1987年,第188页。

《莽原》（半月刊）封面

　　二是鲁迅南行的情况。鲁迅于1926年8月26日3时到北京火车站，4时25分从北京乘车，7时30分抵天津，同行有许广平。1926年8月28日，午后2时半抵浦口，夜10时登车，11时发下关，29日晨7时抵上海；1926年9月1日夜12时登"新宁"轮船，2日晨7时发上海，4日下午1时抵厦门。鲁迅任教于厦门大学。

　　三是1926年2月14日，高长虹、郑效洵所办小型刊物《弦上》（北京）周刊创刊，约1926年8月1日第24期出版后，即终刊。1926年10月10日，上海版《狂飙》周刊创刊。1927年1月30日，上海版《狂飙》周刊第17期出版，这一期为终刊号。（因经济支出不够而停刊）

　　四是《狂飙》周刊停刊后，其成员星散各地。高长虹于1927年2月下旬到山西太原，6月到杭州看病；高歌、向培良于该年4月到武汉，应潘汉年之邀主编《革命青年》；5月鲁彦到武汉编《民国时报》副刊；6月黄鹏基由四川到上海后，再到杭州休养，后回四川；高远征参加南昌起义，后在突围中牺牲；10月高歌、高长虹兄弟回到上海，拟重兴"狂飙"

事业；12月高长虹、何仲平、张申府、周曙山、高沐鸿、鲁彦等人自筹资金，创办《世界》月刊。此后，狂飙社成员纷纷投身革命洪流之中。

弄清这些情况，对于我们了解尚钺所处的环境有一定的帮助。

鲁迅：尚钺"坏极"

在鲁迅与狂飙社成员失和之后，鲁迅对尚钺的评价是"坏极"。为何他如此评论尚钺？可能与尚钺写的一篇小说《射月》有关。1927年年初，当高长虹与鲁迅论战正酣时，尚钺是站在高长虹一边的。尚钺写了三篇"随笔"①直刺鲁迅兄弟，一篇是刊发于1927年1月23日《狂飙》周刊第16期上的《挽周作人先生》，其文虽短，但煞气特别重，其文如下：

周作人，你真要堕落到如此的地步？你真要用那"含有刑名气太重的阴险卑劣"的手段来加害《狂飙》吗？不然，则你的：

"呜呼，长虹虽败，而有燕生；《狂飙》虽停，而有学园，光华书局虽'走得到'，而有爱国中学：'中国民族未亡的一部分真精神'，终于尚得保存，如五色国旗然……"（按《狂飙》并未停）

是什么意思？你将强把《狂飙》和国家主义拉在一块吗？你有人心么？你还有写《自己的园地》《雨天的书》时的坦白么？你和长虹一个人的思想冲突，竟不惜将全《狂飙》举而捣毁之，捣毁《狂飙》固然没有什么，而你又怎该用那"含有刑名气太重的阴险卑劣的""婢妾之嫉妒"的手段呢？周作人，你敢说你不是用借着《素

---

① 尚钺这时写的随笔共有三篇，第一篇《仿模》刊发于1927年1月16日《狂飙》周刊第15期，主要说有人致信说尚钺的文章在模仿鲁迅的风格，尚钺对此进行评议。

朴一下子》与《挽〈狂飙〉的书后》两文，来"半吞半吐"的放些暗示的冷箭？利用群众的盲从心理打倒《狂飙》并加害我们么？呜呼周作人，呜呼，酋长婢妾成性的女性老人，你其亦为俗语"最毒莫过妇人心"的公例范围住了！呜呼，周作人！

呜呼！写《自己的园地》时的周作人死了！呜呼，写《雨天的书》时的周作人死了！我何能不挽？

我敬挽已死的周作人先生！

一九二七年一月二十九日[①]

尚钺[②]

尚钺明写周作人，实则暗指鲁迅。1927年1月30日《狂飙》（周刊）第17期上，尚钺的《随笔之一》一文中说："我个人觉得还在'中国有文艺吗？'的问题的时候又虽然有些人已经自命'我是文学家'了，固然就是有文艺或者我的程度还不能了解，可是以为中国现在真有一个梭罗古勃或安特烈夫出现，我也觉着是绝顶的滑稽。"[③] 而"梭罗古勃"和"安特烈夫"都是俄国著名作家，是鲁迅早年喜欢的作家。不言而喻，中国还没有出现文学家，说鲁迅是文学家只不过是自我分封的。他说人们赞美《阿Q正传》只是喜欢"阿Q将小尼姑拧了一下以后的行为"，"中国人不是能懂咒骂的民族，所以《阿Q正传》之要脍炙人口了"。但文

---

① 二十九日可能是十九日之误。

② 尚钺:《挽周作人先生》，载中国社会科学院文学研究所鲁迅研究室编《1913—1983鲁迅研究学术论著资料汇编》（第一卷），北京：中国文联出版社，1987年，第229页。

③ 尚钺:《随笔之一》，载中国社会科学院文学研究所鲁迅研究室编《1913—1983鲁迅研究学术论著资料汇编》（第一卷），北京：中国文联出版社，1987年，第241页。

章在最后一段却无厘头式地说："但其实说，我觉着拿着明晃晃的刀枪出去伤人的不是英雄，英雄是满身有着人类的创作的，而他的武器也是这满身的人类创作，然而中国人谁又知道创作呢？也就《野草》尽于是《野草》了吧？毕竟《野草》有限，《阿Q正传》无穷，我实为中国人太息，而阿Q就是中国的'绥惠略夫'①吧！无奈阿Q之能为中国人的灵魂，我觉得有些心寒了，这也宜乎中国有捧花旦的梭罗古勃与'直挺挺的'安特烈夫出现。"②这段文字，既说《阿Q正传》和《野草》还不错，又说，在中国还没有像"梭罗古勃"和"安特烈夫"这样的作家出现，也就是说，鲁迅还不配"文学家"的称号！尚钺可谓"处心积虑"了。

当鲁迅的小说《奔月》于1927年1月25日在《莽原》半月刊第2卷第2期刊发出来后，尚钺便写了《随笔之一》。后来尚钺又于1927年2月2日，针对鲁迅的《奔月》写了另一篇小说《射月》以针锋相对。这是鲁迅始料未及的。

在鲁迅的《奔月》中，有一段夷羿与老婆子的对话，颇有意趣：

> "有些人是一听就知道的。尧爷的时候，我曾经射死过几匹野猪，几条蛇⋯⋯。"
>
> "哈哈，骗子！那是逢蒙老爷和别人合伙射死的。也许有你在内罢；但你倒说是你自己了，好不识羞！"
>
> "阿阿，老太太。逢蒙那人，不过近几年时常到我那里来走走，

---

① 绥惠略夫，俄国作家阿尔志跋绥夫的中篇小说《工人绥惠略夫》中主人公。指无政府主义者。

② 尚钺：《随笔之一》，载中国社会科学院文学研究所鲁迅研究室编《1913—1983鲁迅研究学术论著资料汇编》（第一卷），北京：中国文联出版社，1987年，第241页。

我并没有和他合伙，全不相干的。"[1]

这里的"夷羿"即指鲁迅，"逢蒙"即指高长虹。

接下来鲁迅续写了羿回家途中"一枝箭忽地向他飞来"，于是双方对射，羿的箭用完，最后一支箭，逢蒙射向羿的咽喉，一个筋斗，羿带箭掉下马去了。"逢蒙见羿已死，便慢慢地躄过来，微笑着去看他的死脸，当作喝一杯胜利的白干。"而正当逢蒙定睛看时，只见羿张开眼，忽然直坐起来。"你真是白来了一百多回。"他吐出箭，笑着说，"难道连我的'啮镞法'都没有知道么？这怎么行。你闹这些小玩艺儿是不行的，偷去的拳头打不死本人，要自己练练才好。"文中还有："她上月还说：并不算老，若以老人自居，是思想的堕落。""有人说老爷还是一个战士。""有时看去简直好像艺术家。"而这些言辞都在高长虹的文章中出现过了。作为高长虹的盟友、铁杆捍卫者的尚钺，自然能读懂鲁迅《奔月》里含沙射影的内涵。[2]

鲁迅的《奔月》作于1926年12月，发表于1927年1月25日，尚钺反应神速，于1927年2月2日就写成小说《射月》，其人物及其名称，以及小说的语言风格，会让读者感到与鲁迅的《奔月》不分伯仲。只不过在尚钺的《射月》里逢蒙成了射猎的英雄。逢蒙把动物都猎尽了，但羿还是想射猎动物拿回去，因为嫦娥还在家里等着呢，下面的叙写，可以说十分"恶毒"：

---

[1] 《鲁迅全集2·故事新编·奔月》，第375页。

[2] 本段引文出自《鲁迅全集2·故事新编·奔月》，第376—387页。

焦急中，他突然看见林边一个黑影一闪，他突然欢喜了，因为在他的断定中，那黑影一定是獐鹿之类，至少山猫与兔之类。他觑正那蠕动的黑影，飕的一声将箭发去。

"哎呦！"

一个拾柴的老妈，忍痛地躺在地下了，两腿发直地向他发出毒恨，切问的光线，当他的马随着箭声驰近时，他看见。

突然一个恐怖的震惊，他知道他是误伤人命了。机智使他立刻拨回马头，向来时的道上驰奔着，如丧家之犬。

一气奔了四十余里，始稍感无险地撒住马头将额上的慌汗用手抹了抹，嘴中无端的自语说："我真是老了，眼睛辨不出东西。"但是立时"人命"又使他恐惧了，因为他与人众定的条约有"杀人者死"，他现在懊悔了，他懊悔他因为匆忙而忘了取回那支中伤老妈的箭，然而他忽然又想着逄蒙也是用的与自己一样的箭，事发时他可以将祸推与逄蒙。[①]

这里有这样几句："我真是老了，眼睛辨不出东西。""然而他忽然又想着逄蒙也是用的与自己一样的箭，事发时他可以将祸推与逄蒙。"直指鲁迅老而无用，技不如人了，又说他品质出现了问题，什么"事发时他可以将祸推与逄蒙"，这就是栽赃陷害的恶劣品质！当文中的夷羿连发三箭没有射中月亮，只得"沮丧地咒骂着"吃了药飞升到月亮上的嫦娥的残忍和狠毒。他几近失控，"突然从床上跳下，迅步跑到院中，

① 尚钺：《射月》，载《病》，上海：泰东图书局，1927年，第181页。

诅咒地向天空中狞视，仿佛欲从上面抓下什么以赔补自己的什么似的，虽然他所能见的现在只有他不敢正视的刺目的白日"①。这些心理和情态的描写，着实让鲁迅感到难堪！

尚钺前有三篇随笔，尤其是其中的两篇一针见血，而这篇小说从人物的行为、语言到心理状态和情状的描摹形神兼备，鲁迅老而无用、只能射些"乌老鸦""麻小雀"了的形象跃然纸上。不明真相的人看到尚钺的《射月》，会对号入座，其讽刺、挖苦之力，让人震撼！

1927年4月9日，鲁迅在给李霁野的信中说："我似乎比先前不忙一点，但这非因事情减少，乃是我习惯了一点之故。《狂飚》停刊了，他们说被我阴谋害死的，可笑。现在又要出一种不知什么。尚钺有信来，对于我的《奔月》，大不舒服，其实我那篇不过有时开一点小玩笑，而他们这么头痛，真是禁不起一点风波。"②可以看出，尚钺读到《奔月》后是有不小的刺激。这也正是他要写《射月》的原因，其目的在于针锋相对。而当这篇针锋相对之作收入尚钺的小说集《病》，于1927年11月由泰东图书局出版后，鲁迅应该是看到了。所以，鲁迅就于1927年11月3日致李霁野的信中讲到"尚钺坏极"。鲁迅说"尚钺坏极"并不是没有原因的，而这个"坏极"却又有着可爱的褒义，体现了鲁迅对于尚钺成长或曰成熟的肯定。

尚钺对鲁迅一连串不敬的文字，确实让鲁迅也不舒服了。然而，尚钺后来的忏悔也是虔诚的。这虔诚可以当作青年尚钺心的青春献给太阳的祭礼！

---

① 尚钺：《射月》，载《病》，上海：泰东图书局，1927年，第185页。
② 《鲁迅全集12·书信》，第27页。

第七章　文学创作结硕果

创作丰硕

1917年尚钺考入开封省立二中读书，1919年五四运动之后开始接触进步思想，1920年暑假回家乡在罗山县组织"青年学社"，1922年考入北京大学预科，进入新文化运动中心地带，各种新思想、新思潮汹涌而至，在李大钊、胡适、鲁迅等人的影响下，尚钺开始文学创作。

1924年12月4日，尚钺的第一篇文章《听音乐后的一个提议》刊发在《晨报副刊》上，之后便一发而不可收。到1930年，他创作了大量的小说、时评、时论，还有剧本、翻译。结集出版有短篇小说集《斧背》《病》，长篇小说《缺陷的生命》和中篇小说集《巨盗》。另有《野火》（短篇小说集，狂飙丛书仅见出版预告）、《案》（长篇小说，手稿，在泰东图书局被查抄时没收焚毁，没有出版）。这些作品在当时产生了较为广泛的影响。

关于尚钺的文学创作及其成就，一些文学史家在研究鲁迅时，偶尔也论及尚钺，即以高长虹为代表的狂飙社成员与鲁迅之间的冲突，所谓的"《斧背》风波"，而对尚钺创作的艺术成就却论之了了。

目前，所能见到的尚钺在各类报刊上刊发的文艺类作品共有130篇（首），出版有短篇小说集2种，中篇小说集1种，长篇小说2种，其他未出版或焚毁有4种。

这130篇（首）作品共刊发在35种报刊上，详见表1。

表1　尚钺文学作品一览

序号	报刊名称	刊发作品次数	作品篇数	备注
1	《豫报副刊》	23	37	
2	《狂飚》	19	17	
3	《京报副刊》	18	11	
4	《莽原》	18	22	有1篇《脸的履历》与《豫报副刊》重复
5	《民主周刊》	10	10	
6	《狂飚汇刊》	7	7	有7篇与《狂飚》上的文章重复
7	《晨报副刊》	4	3	
8	《民众周刊》	3	2	
9	《民众》	2	2	有1篇是尚钺选辑的《歇后语》
10	《狂飚》（不定期）	1	2	
11	《猛进》	1	2	
12	《北京大学研究所国学月刊》	1	1	
13	《北京大学研究所国学门周刊》	1	1	与《北京大学研究所国学月刊》重复
14	《真报》	2	2	
15	《东方杂志》	3	1	
16	《妇女旬刊（昆明）》	1	1	
17	《国民新报副刊》	1	1	
18	《抗战文艺》	1	1	
19	《民众文艺周刊》	1	1	
20	《评论报》	1	1	
21	《人民艺术》	1	1	
22	《扫荡报》	1	1	
23	《世界》	1	1	
24	《文萃》	1	1	
25	《文学》	1	1	

续表1

序号	报刊名称	刊发作品次数	作品篇数	备注
26	《文学月刊》	1	1	
27	《现代评论》	1	1	
28	《新民新报副刊》	1	1	
29	《学习生活》	1	1	
30	《野草》	1	1	
31	《琵琶记讨论专刊》	1	1	
32	《光明日报》	1	1	
33	《新文学史料》	1	1	
34	《革命史资料》	1	1	
35	《战士·学者·校长：华岗同志百年诞辰纪念文集》	1	1	
合计		133	140	实际130篇（首），不含未发表和结集出版作品

其中，短篇小说集《病》是"狂飚丛书"第一辑第一种，上海泰东图书局1927年11月初版，印行1000册，发行者赵南公，共收入16篇小说，有10篇在报刊中发过，未刊而直接辑入的有6篇，即《一次旅行》《疑团》《犹豫的哥哥》《射月》《命运所给予她的》《生命的条痕》；1928年5月再版，印数2000册。

短篇小说集《斧背》，1928年5月初版，为"狂飚丛书"第二辑第七种，上海泰东图书局发行，发行者赵南公，印数2000册；1929年2月再版，印数2000册。该集共收入小说19篇，9篇已刊发，10篇未刊发：《子与父》《一个油坛子》《初失恋》《狗》《假扮的家人》《戒指》《节孝牌坊》《长工李开桂》《婢女》《时间》。

这样一来，130篇（首）作品加上这6篇和10篇，共计146篇（首）。时间主要集中在1925年、1926年、1927年。

对尚钺小说评论影响最大的，是鲁迅在《〈中国新文学大系〉小说二集序》中的一段文字："一九二五年十月间，北京突然有莽原社出现，这其实不过是不满于《京报副刊》编辑者的一群，另设《莽原》周刊，却仍附《京报》发行，聊以快意的团体。奔走最力者为高长虹，中坚的小说作者也还是黄鹏基（朋其），尚钺，向培良三个；而鲁迅是被推为编辑的。"①言外之意，对于"莽原社"的作者们，鲁迅都是熟悉的。在"小说二集"中，鲁迅选了黄鹏基、尚钺各两篇小说，向培良三篇。

鲁迅选的尚钺的小说是《子与父》《谁知道？》，分别选自尚钺小说集《斧背》和《病》。鲁迅的评价是："尚钺的创作，也是意在讥讽，而且暴露，搏击的，小说集《斧背》之名，便是自提的纲要。他创作的态度，比朋其严肃，取材也较为广泛，时时描写着风气未开之处——河南信阳——的人民。可惜的是为才能所限，那斧背就太轻小了，使他为公和为私的打击的效力，大抵失在由于器械不良，手段生涩的不中里。"②

《子与父》叙写了父亲李自有进城卖草捆，准备割块肥肉给在城里念洋文的儿子天成补一补身体的故事。天蒙蒙亮，父亲就拉着牛车从家里出发。一路上他想象着儿子的未来，自己便飘飘然了。而当他到城里发现儿子在一群人中，跳下车和儿子打招呼时，儿子死活不认他这个从乡下来的、赶着牛车卖草捆的父亲。父亲感到悲伤、绝望，老泪纵横，一气之下赶着牛车撞桥而死。故事虽短，但揭示出儿子虚荣、虚伪的劣根性。父亲对儿子的爱、对儿子未来的希望，顷刻间化为乌有。小说的结尾给人以震撼、警醒！《谁知道？》写李猴子强占了李大娘的房子，

---

① 《鲁迅全集6·且介亭杂文》，第258页。
② 《鲁迅全集6·且介亭杂文》，第261页。

又打了她的儿子，李大娘的丈夫不听人劝，跑到信阳去告状，因国联战事，去后就没了消息。李大娘在灶神前许愿，又请算命先生算命，花钱化解；别人看她心切，说是要到信阳，可以帮她打听消息，又骗了她给路费。而结果得到的都是"谁知道呢？"。后来，南关有人回来，李大娘去打听，听到的是"咱们罗山人听说也死了的不少"，最后李大娘在绝望中死去。小说既反映了无处可以申冤的黑暗社会，又反映出战乱给人民带来的苦难。

尚钺的小说创作具有独特的风格，主要魅力在于反映信阳人民悲惨的生活遭遇，乡土气息扑面而来。

《病》与《斧背》

在小说集《病》中，尚钺写的都是生活在社会底层人民的生活生存状态。其中对于女性的书写占了大部分，有与对岸男子暧昧不清的洗衣妇陈大嫂，有被羡慕的人——美丽的少妇与担水夫偷情，有被胁迫到山中与和尚同居的中年妇女，有与小伙计偶然有染而得上相思病的寡妇，有哺育大户人家儿子的奶娘，同时还有孤芳自赏最后悲惨死去的"女艺术家"。以男性为主人公的有《一次旅行》中的"我"，有怀疑妻子出轨的《疑团》中的"他"，有为了生存推磨的盲人老徐，有《伟大的灵魂》中追求公理大义的土匪，还有无明确的方向带领弟兄的"犹豫的哥哥"，更有老眼昏花的《射月》中的夷羿和以乞讨为生让人同情的残疾人，最终饿死的"孤独的拐子"。这些作品无一不在揭露社会的黑暗，揭露生活在社会底层人们生活的艰辛。其中《临死的夫妻》和《命运所给予她的》是写夫妻生活的，从爱情婚姻中反映出生活的不易。小说集处处体现出的是病态的社会和病态的人生遭际，这或许就是作者以《病》为书名的用意所在。

小说集《斧背》共收入19篇小说，写的依然是小人物的生存状态。《八哥儿》中的素子害上了相思病；静子为了冲喜嫁给了将死的少年，而新婚当天少年就死去，静子则由新媳妇成了新寡妇；谢太太本来是一个贞节的寡妇，她偏要下人郭二给她捶背；立了节孝牌坊的夏太太青年时原来和表弟（即后来的丈夫）曾经有过一次"亲密"接触。《不认识的人》中，"她"和不认识的人糊里糊涂地结婚生子，生活艰难，最终孩子因病"医"治无效而死；婢女彩云向往美好婚姻，却嫁给一个驼背的老头。《生活与希望》中，"他"因生活困难，打算向艇生借款；"我"对一对鸽子由爱而恨，源于他恩将仇报；丁大王爷是一条好汉，但也遭到他人的诋毁；"我"在乡下观社戏，挤来挤去就是活受罪。《一个油坛子》却写出了人性中的善与油滑；"我"的初次失恋永远值得回味；李长有家的狗虽然被杀了，也没有救活病中的孩子；长工李开桂的爱情幻想，在现实生活中碰壁了，他羞愧地走开了；贞子妹和久鹤哥虽然相互关心爱护，却最终未能走到一起。小说《爱人》中，竞存与亦吾是同学，但15年后，竞存成了一名教师，亦吾发达了做了官，小说结尾写到亦吾叫出爱人周玉娟，竞存却"呆了"，亦吾的妻子也呆了，给人留下悬念。作者所写的这些小人物的悲欢离合，生活的艰难困苦，恰恰是当时社会的真实写照。与其说是小说创作，不如说是生活实录。作者创作的动机和目的，就是希望用"斧背"砸碎这万恶的旧世界，让苦难远离人间。然而"斧背"这种器械的力量太渺小，或者说是太轻了，不足以砸碎这万恶的旧世界。这也正是鲁迅所说的"器械不良"吧。

《病》封面　　　　　　　　　《斧背》封面

　　两部小说集中多处使用罗山、信阳方言,其风俗民情的叙写也几乎是地方实录。总之,就是反映那时那地大别山地区、淮河流域人民生活生存的状态。可以说,这是信阳人民在文学作品中第一次集中"亮相"——穷苦,甚至愚昧的众生相。除了鲁迅选入的《子与父》《谁知道?》两篇小说,其余小说如《病》中的《洗衣妇》《被羡慕的人》《一次旅行》《病》《乳母》《伟大的灵魂》《射月》,《斧背》中的《八哥儿》《冲喜》《呓语》《丁大王爷》《爱人》《狗》《节孝牌坊》《长工李开桂》《婢妇》等,不仅故事情节曲折迂回,而且艺术水平也达到了一定的高度。

激情澎湃的诗人

　　尚钺在文学创作方面以小说为主,早年也翻译过莫泊桑的小说。他写的书评数量很少,如《读〈玉君〉之后》。值得一提的是,他的《昨夜独步——读〈志摩的诗〉以后》是所能见到的尚钺刊发在报刊上的八首诗作之一。但是，这首诗却是用诗歌评说诗歌。

昨夜独步

——读《志摩的诗》以后

我昨夜独步入花丛，

见群花在言不得，语不得的哭泣。

询以悲哀之原因——

群花掩泪答我曰：

可怜而软弱的我们！

近来被一个不知从外国新归来的诗人

抢去了我的实有的身体，

撇下了我们的灵魂：

在这里飘荡着，彷徨着，无所归依。

我昨夜独步入深林，

见群鸟相互欢悦着欣庆——

询以相庆之原因。

群鸟舞蹈着答我曰：

可幸的我们呵！

近来被一个从外国归来的诗人

剥去了我们炫目的毛羽，

撇下了我们的赤裸的身形，

可庆呵，庆以后永远也无庸

耽荡子的丸弹，牧童的扑捉的心了。

我昨夜独步入香闺，

见一对爱人互相怀抱着哭泣。

询以悲伤之原因，

二人解抱答我曰：

不幸的我们呵！

被近来一个新从外国归来的诗人，

偷去了我们的表爱之温唇，……

留下我们的爱之核心，

叫我们内中烈火般，烧着的爱之精，

失去了她的爱之表情，

将焦抑着，干闷着，毁灭于沙尘。

我昨夜独步到溪边，

听流水潺潺地发着悲叹。

询以吁嗟之原因，

波痕蹙容答我曰：

不幸的我的柔身，

被近来一个新从外国归来的诗人，

硬替我披上了一层油滑的皮形，

使我这活泼的，灵敏的精神，

僵化成一沟滞塞的泥泞，

将抑郁着，阻闷着，变成干燥的土炕。①

　　很显然，尚钺对《志摩的诗》的评价写出了自己的读后感想。这首诗刊发于1925年9月28日的《京报副刊》，那时尚钺贫困潦倒，无法感受到有产者、有闲者的悠然心境。他在这首诗后的附记中写道："因为周作人先生说：'我以为真的文艺的批评，本身便应是一篇文艺。……'所以我写出我读《志摩的诗》的感触，也用一种诗的体裁，但决不敢以自命为诗人，然而又不敢妄自为批评家。写者附笔。一九二五，九，二六。"②

　　另一首署名"钟吾"的《昨晚独步》，刊于1925年5月15日《莽原周刊》第4期，内容如下：

我昨晚独步入荒郊：

林旁见有一个绅士样的胖狗，

向一个褴褛，屠瘦的乞儿狂咬；

乞儿举棍向前时

它也凶狠狠地向前迎着咬；

乞儿真个棍下时：

它又怕打的回头跑了；

乞儿挟棍前行时：

---

① 尚钺：《昨夜独步——读〈志摩的诗〉以后》，《京报副刊》1925年9月28日。
② 尚钺：《昨夜独步——读〈志摩的诗〉以后》，《京报副刊》1925年9月28日。

它又怒汹汹地回头追着咬;

打又打不着,前行它又来阻挠。

恼得乞儿无法时,便虚在地上拾石似的抓一把,

鼓起猛气的向前迎骂道:

"势利的畜牲,看你怎地老子好?!"

那狗见不是头,发着负痛的叫声,

好像说:"我是绅士们的把门将军,

穷酸的东西,打了我,你的糇粮断了!"长叫着钻入深林;

乞儿沉痛的黄白土色脸上,浮出一种得胜的微笑,

倒挟着棍,松提着篮,一步一挨的向那无尽的途中走去了。

一九二五年五月四日①

后来,尚钺在杭州被捕入狱、经受酷刑后奄奄一息,在地下党组织多方营救下逃出杭州陆军监狱,乘船北上,向往着奔向社会主义苏联,他心潮澎湃,就留下了这样的诗句:

北冰洋的春火,

烧炸了那铁的城壕。

高加索的雪峰啊,

捣破了晚霞的哀悼!

你灰色的狂波呵!

---

① 钟吾(尚钺):《昨晚独步》,《莽原周刊》1925年第4期。

临死追逐，

也不过疯狂的微颤。①

其实，尚钺也是一位激情澎湃的诗人，只不过他的诗情未能燃烧在诗行里，而是在他的小说，尤其是议论体文（杂文、随笔）或散文中。

尚钺创作的议论体文（杂文、随笔）或散文数量颇多，仅次于小说。这些文章主要刊发在《莽原周刊》《狂飚》《豫报副刊》上，如《卑劣的狗》《攻击与谩骂》《奇面国》《血》及《心的狂笑》系列等。既有时评时论，又有论人评事，虽为一己之管见，但也极具力量，有时让人感到力透纸背，一针见血，切中要害；有时会让人在议事评论中产生共鸣，风格颇具鲁迅杂文杂感之神韵；有些文章的标题就让人发忪。如他在《毁灭的脚——心的狂笑之五》中写道：

"爆爆，我要将这一堆死灰烧着。"一星死火在死火堆中跳起来说。

"杀，杀，你暴徒的死火！"毁灭的脚擦灭着那死火说。

"爆，爆，爆！"死火延烧着它四周的死灰说！"朋友，大家起来，起来反抗，反抗，爆，爆！"

死火荧荧地延烧着它四周的死灰，死灰又变成死火荧荧地延烧着它们四周的死灰，一刹那间，一堆死灰变成一团荧荧地殷红的死火。

"爆，爆，爆！大家起来，起来反抗，反抗！爆，爆，爆！"

① 《尚钺先生》，第11页。

一堆死火都荧荧地跳起来喊。

"杀,杀,杀,杀你们死火的暴徒!"毁灭的脚延长着他自己的身躯,厉声的叱咤。

"爆,爆,反抗!烧毁他强暴的脚!"一群死火在毁灭的脚下挣扎着喊。

"杀,杀,打散你们死火的暴徒!杀,杀!"毁灭的脚踢散着死火堆说。

"爆,爆,反抗!大家起来,反抗!"死火被毁灭的脚踢散,无力的零落地喊。①

其实所谓的风格就是一个人的灵魂。那时的尚钺,和鲁迅一样也在呐喊!

尚钺还创作发表有一个独幕剧《我错了》,于1925年11月2日、3日、8日、9日、10日、11日分六次刊发在《京报副刊》上。还创作有一部戏剧《你到底叫我怎样呢?》,于1925年7月27日、28日、30日、31日分四次在《豫报副刊》上刊载完毕。

---

① 尚钺:《毁灭的脚——心的狂笑之五》,《莽原》1925年第22期。

革命之路

第八章　心跃风雷动远思

尚钺入党

鲁迅曾在1927年11月3日《致李霁野的信中》说："狂飚社的人们，似乎都变了曾经最时髦的党了。尚钺坏极，听说在河南。"这个党就是中国共产党。尚钺给鲁迅最后一封信是在1927年4月7日，见《鲁迅全集16·日记》："雨。午后得谢玉生留函。得尚钺信。"[1]信的内容不得而知，但这之后鲁迅与尚钺之间便没有了来往。不过，从1925年下半年至1928年年初，尚钺活动的轨迹还是有迹可循的。

据《罗山革命史要事纪略（1919—1949）》载：

> 1925年10月，根据党的指示，共产党员尚伯华和进步学生尚钺等学社骨干，回到罗山，利用尚家上层社会关系，以建立保家红枪会为名，组织闻开周[2]为首的农民自卫军百多余人，准备策应北伐军北伐。

---

[1]　《鲁迅全集16·日记》，第17页。

[2]　闻开周是尚钺的表兄。

1926年12月，在胡日新等同志的策动下，闻开周红枪会进城杀了河南省参议员，罗山头号劣绅方少尧，大煞了反动分子的气焰。

1927年7月尚攸如、吕佩章（公器）离开武汉国民党政策军事政治学校被派回罗山。10月，中共豫南特委在信阳冯家庄正式成立，他们由罗山又去冯家庄，经尚钺介绍入党。吕佩章被任命为工农革命军第四大队队长（大队长张贯一，即杨靖宇），尚攸如任一支队队长。

同时，陈孤零受党的派遣，离开信阳回到罗山，任城关火神庙小学校长。

1927年12月底，豫南特委宣传鼓动部长尚钺，受省委书记易云的派遣，回到罗山组织工农武装暴动。按照特委组织部长龚逸情的交待，回罗山后和县特支胡日新、胡明如取得了联系。并在城内尚钺家中召开了会议。商讨了工作计划，决定于农历1月15日夜（即正月十五夜），在城内趁闹灯之机，枪杀大劣绅王少琴，以扩大革命影响，然后出城组织工农革命军。因计划失密，农历1月14日夜，尚钺在家中被捕了，计划遭到破坏。

1928年2月，胡日新于竹竿、城郊农村组织了数百名农民自卫军，计划进城武装营救尚钺出狱。将计划通知狱中的尚钺时，尚钺不同意劫狱计划，认为冒险劫狱不成，会加速处决。决定利用罗山尚氏家族上层社会关系，出面保释营救。后利用尚蘅圃（即尚蘅甫）与罗山驻军团长较密的关系，保释出狱。待伪省政府就地处决尚钺的命令下达罗山时，尚钺已离罗山去杭州。[①]

不难看出，尚钺已加入中国共产党，并且已经开始开展革命工作。据尚钺回忆，他于1927年9月6日，由汪后之介绍，在河南开封加入中国共产党，随即在开封市委工作，担任过支部书记，还做过省委机关刊物《猛攻》的编委。

汪后之是当时的省委领导，信阳光山县城关人。本名守愚，字后之，亦作厚之，曾用笔名候俞之。1900年出生，家庭世代殷实，其祖父汪磊风，清朝末年在安徽、湖北等地为官，晚年寓居开封，父亲汪晓东在开封官府任职多年。汪后之家教很严，但他对主贵仆贱却十分反感，常在乡下舅舅家寄住，16岁时愤而离家，在舅舅帮助下游学潢川，1918年春夏返回省城开封求学，1919年汪后之携弟弟汪憲赴武汉考入武昌中华大学，弟弟在该校中学部学习。在恽代英、林育南影响下，汪后之参加了革命。

1925年2月下旬，汪后之作为湖北代表，赴北京参加由李大钊主持召开的国民会议促成会全国代表大会。1925年3月8日，中国共产主义青年团湖北省委员会成立，汪后之当选为省委委员，在赴京参加国民会议促成会全国代表大会途中，因病留在开封，经恽代英同意，他一边养病，一边参加河南工作。当年5月，共青团开封支部成立，汪后之任干事；不久，国民党河南省委第一次代表大会召开，汪后之被选为国民党开封市分党部委员。当时《豫报》创刊，汪后之尽其所能给予帮助并担

---

① 中共罗山县委党史工作委员会编《罗山革命史要事纪略（1919—1949）》，罗山县科技局印刷厂印刷，1988年5月，第6—18页。

任主笔。后来，汪后之因病于夏秋间回光山休养。如果把尚钺1925年在开封能够担任《豫报副刊》主编之职联系起来看，汪后之这位老乡应该是暗中助力之人。1926年间，汪后之在光山开展了一系列革命活动。1926年2月，汪后之担任开封地方执行委员会委员和党的豫西（南）特派员。1926年8月，中共豫区执行委员会成立后，汪后之任委员，负责学生运动。1927年5月，中共河南省委成立，汪后之被选为委员。1927年秋，中共河南省委改组，汪后之当选为常委，分管宣传工作。1928年3月17日，潢川大荒坡暴动，汪后之被捕后牺牲。据《豫南忠魂谱》第二集《汪后之》一文载，1927年秋，尚钺到达开封，汪后之介绍他加入中国共产党，随即提议尚钺为豫南特委委员。从实际情况来看，尚钺这一时期在罗山家中居多。

1926年年初，国民革命军弃守开封。为了躲避战祸，曹靖华于"三·一八"惨案次日抵达北京，尚佩秋携长女回罗山娘家暂住。1926年5月4日，曹靖华受李大钊指派前往广州，任国民革命军第一军事总顾问加伦将军的翻译。1926年7月9日，曹靖华与加伦随总部北上，参加攻打武汉三镇等战役。这年冬天，北伐军前锋到达湖北、河南交界处的武胜关、九里关一带，尚钺等人组织了罗山农民自卫军，准备迎接北伐军。尚钺被推为代表，前往九里关与北伐军联系，但北伐军滞留武汉，迟迟不前。1927年4月12日，蒋介石开始清党运动，大肆屠杀共产党员、国民党左派及革命群众。1927年7月28日，苏联顾问团政治总顾问鲍罗廷、军事总顾问加伦等百余人被武汉国民政府解职回国。曹靖华于当年8月偕妻子尚佩秋自武汉前往莫斯科。曹靖华夫妇的离开，让尚钺感到的是焦虑和失望，眼看就要到来的革命大胜利却突然逝去。尚钺于是起身赴省会开封寻求出路。1927年9月6日，就有了汪后之介绍尚钺入党一事。

尚钺对于共产主义思想或者说马克思主义的接纳问题，在现有的尚钺作品或日记、书信中并没有具体的时间记录，但仍有些脉络可见。

尚钺当年在开封求学时就受到曹靖华等人组织的青年学会影响，并利用假期在家乡开展活动。当他考上北京大学的时候，由李大钊、邓中夏、高君宇、何孟雄等人发起组织的马克思学说研究会在北京大学已经成立。1921年11月17日，《北京大学日刊》刊载启事，公开宣布该组织成立，并有李大钊等人的公开活动和公开发表的文章。1922年12月14日，《北京大学日刊》又登载了《马克思学说研究会征求会员启事》。可以推知，尚钺作为北京大学的学生对此应该是知晓的。

1927年，在汪后之帮助下，尚钺才真正开始了解中国共产党。

当共产主义的星星之火在中国大地逐渐变成引路火炬，照彻劳苦大众心田的时候，尚钺已经跃跃欲试高擎着火炬前行！

暴动入狱

尚钺在《经历自述》中讲道："我在上海先后把我在1925至1926年写的小说收集成两个册子《斧背》和《病》出版。"[①]"我在开封的一个朋友汪后之来信，让我到他那里在教育厅三科当编辑，我同意了。后来我才知道汪后之是我党河南省宣传部部长。他经常对我进行党的宣传和教育，让我了解中国共产党的性质，希望我为党的事业献身。在他的帮

_____

① 《尚钺先生》，第4页。

助下我越发地靠近了党组织。他愿做我的入党介绍人，就这样，在一个晚上，我们到一个小屋开会，墙上挂了一面列宁像，左边挂了镰刀斧头旗，我们五六个人就在这里宣誓，决心为无产阶级革命事业献出一切，甚至自己的生命。宣誓后马上把列宁像和旗子收起来，又装作谈天的样子。这就是我入党的庄严仪式。我清楚记得那是1926年9月6日。"①

据1981年4月3日中共中央组织部（〔81〕组建字214号）和1981年4月6日中共北京市委组织部（通知）（京组通字〔81〕25号）两个文件，关于恢复尚钺党龄均表述为："恢复尚钺同志一九二七年九月至一九四五年十月重新入党前的这段党龄。"尚钺入党的确切日期应该是1927年9月6日。

尚钺在《经历自述》中写道："（1927年）我到上海去泰东图书公司校订小说。回去后不久，蒋介石开始了'四·一二'大屠杀，我跑出来到了武汉，正遇郭沫若在武汉国民革命军政治部任副主任。他介绍我在那里办报纸。我看到很多朋友都在这里，就写信希望河南党组织给我把关系转到武汉。但汪后之来信批评我不该犯自由主义移动组织，催我回河南。我只好马上回去了。回去后参加了省委主办的刊物《猛进》的编辑工作。"②但不久，尚钺就被派回信阳罗山开展组织武装暴动工作。遗憾的是，暴动未捷尚钺却身陷囹圄之中。

1927年4月12日，以蒋介石为首的国民党在北伐取得节节胜利的时候，大肆捕杀共产党员和国民党左派及革命群众，国共合作宣告失败。在此紧急关头，中共中央政治局于1927年8月7日在汉口召开紧急

① 《尚钺先生》，第5页。
② 《尚钺先生》，第5页。"《猛进》"应为"《猛攻》"。

会议，会议确定了土地革命和武装斗争的总方针，毛泽东出席会议并提出了"枪杆子里面出政权"的著名论断。会议通过了《中共"八七"会议告全党党员书》《最近农民斗争的议决案》《最近职工运动议决案》《党的组织问题议决案》。起义和暴动成为当时中国共产党开展革命活动的主要标志。

尚钺在《经历自述》中写道："秋收起义开始以后，党派我到信阳豫南特委搞宣传鼓动工作，并担任豫南特委六大队工农革命军四支队的党代表。1927年11月，豫南特委扩大会议上决定在罗山县搞暴动，我是罗山县人，所以决定派我去。于是1928年的春节，我便回到了自己的家乡。"①

据尚钺妻弟陈树芬回忆说，尚钺回到罗山县后，就被反动派探知，并暗中进行监视，由于尚氏家族在罗山还有一定的社会关系，反动派没有贸然对尚钺下手。尚钺就和陈家老三共产党员陈子和、老四共青团员陈镜吾三人在一家姓熊的袜子铺以学织袜为掩护朝夕相处，开展革命工作。"尚钺同志家住罗山南关南门大街后边，第四进不大的四合院里。秘密来往的同志增多，还在家中开会。不料被反动派发现，旧年关刚过不久，在一天夜晚，突然来了兵警数十人，荷枪实弹，如临大敌，气势汹汹，闯进尚钺家将尚钺同志带走。"②尚钺认为，当时他的活动消息及行踪之所以暴露并被逮捕，是"因为县城里有一些企图霸占我财产继承权的亲戚，他们以为我一定是在外边当官发了财，想勒索我的钱财，就

① 《尚钺先生》，第6页。
② 《尚钺先生》，第57页。

和任应岐的人勾结起来逮捕了我"[1]。具体情况则是罗山县特别支部决定首先除掉反动豪绅王少琴，以便利发动群众，确定正月十五夜里动手，派刘后生（公开身份是伪县政府秘书）跟踪监视，尚钺用短枪射击，因为刘后生叛变，计划暴露，便逮捕了尚钺。

尚钺被捕后，最着急的莫过于其妻陈幼清。陈树芬回忆："我四姐尚钺的爱人共产党员陈幼清，曾与外部的同志联系商量良策，一时大家很急。"[2]尚钺表兄闻开周是红枪会首领，胡日新组织了数百名以红枪会成员为主的农民自卫军准备劫狱，尚钺认为是下策，没有采纳。正在此时，尚钺被捕的消息传到了国民党省党部后，省党部就给县党部发来了"就地枪决"的电报。尚钺回忆说："电报局的张局长（张绍珍）是我父亲生前的朋友，他马上通知了我的伯父尚蘅甫，让他花钱营救我。伯父尚蘅甫是县里的大绅士，又是医生，还是罗山县红十字会会长，他为了营救我花了两千多块钱设宴请客，请来了旅长赵青山和营长等一些重要人物。酒席进行当中，把我带去，赵青山当众把我训斥一顿，说我年轻轻的搞什么共产党，当时我一口咬定我没有参加什么共产党。训斥之后让我坐在一旁等候。酒席一结束伯父就把我领走了。在路上，伯父摸出银洋20元给我，并告诉我当夜务必离开罗山县，因为电报局的张叔叔已把电报拖了一天一夜，不能再拖了。估计电报一到县党部，当夜就又会来抓我。我拿了银洋暂避到一个远房妹妹家过了一夜。第二天早上天一亮，我就挑起水桶，妹妹拿着筐子装作去城外河边洗衣服送我出了城。""我出城后一直跑到我爱人娘家（光山县），在她家停了两天就听到了抓我的风声。

---

① 《尚钺先生》，第6页。

② 《尚钺先生》，第57页。

尚钺的伯父尚蕖甫

我在内弟老三和老五护送下越出了河南边境，在湖北的花园车站上了去汉口的车，后又换船去到上海。"①

杭州监狱

据陈树芬回忆："尚钺同志出狱后由陈子和等陪同即时下乡来我家，由我大哥陈榜三连夜措聚路费大洋一百元。为了躲避敌人的耳目和追捕，第二天下午路费一弄到，即时尚钺同志化装成农民，我三哥陈子和及我一起送他，走山路翻鸡龙山到柳林关搭火车外逃。"② 福无双至，祸不单行。尚钺虽然从家乡罗山逃出了敌人的魔掌，但是不久，又因自己的疏忽，暴露了踪迹，在异地杭州惨遭逮捕，投入牢房。而这次入狱，让他在狱中倍受折磨，一待就是几个月。

尚钺在《我的监狱生活》一文中详细回忆了当年入狱后，在狱中的

① 《尚钺先生》，第6、7页。
② 《尚钺先生》，第58页。

经历和煎熬。

原来，上海一家书店因为尚钺小说集要出版，就事先预支了稿费，尚钺拿着这笔预支的稿费，想在杭州等待组织联系时治疗感染的肺病。由于缺乏秘密工作的经验，他不小心在家信中暴露了杭州的住址。1928年4月29日，由于家乡敌人的告密，尚钺遭到杭州国民党军警的逮捕。

和尚钺关在同一个拘留所里的还有一个人，他小声地告诉尚钺："你要考虑是招还是不招，要招就招到底，招到底也不一定能逃出活命。你要是不招，就硬到底，硬到底也不一定不能逃出活命。"他还说："你的时间不多了，必须赶紧准备口供，必须尽量圆满，要自始至终不改！"[①]这些叮嘱让尚钺思想上有了准备，为尚钺在狱中同敌人斗争指明了路径。

为了让尚钺交代所谓的"共匪"身份，国民党浙江省公安厅、省党部、特种刑厅的五六个负责人约请尚钺午宴。他们和尚钺交谈，谈他的小说，由小说内容谈到尚钺对国民党和共产党的看法，企图把尚钺的话引出来。这让尚钺警觉了起来，尚钺同他们边谈边吃边喝，却最终没有吐露半字。

文的不行来武的。第二天，他们对尚钺动了大刑，开始刑讯。审讯时，屋中有十余人。在一具长条案子后面，坐着一个小老头，嘴中衔着小旱烟袋，不时用手捻着小胡子，在问完姓名、籍贯后，便沉下铁青的脸问尚钺："你是什么时候加入共匪的？"这时的尚钺已经合计好了应该怎样回答，矢口否认自己参加过任何政治团体，也从来不问政治。之后便是用刑，尚钺回忆说："立即有六七人，把一个约半米长的坚实大

---

① 《尚钺先生》，第7页。

木凳抬到（审讯）室中间，把我推到凳前，叫我坐下，并用绳子把我的大腿，牢缚在凳子上，在脚跟下垫上砖。他们又以坚实的长绳，一端反缚住我的两手腕，另端拉过脚尖，绕穿凳下的滑车向上拉。另外两个大胖子，将两根两米多长的粗木棍，交叉插入我两腿空隙，强力压榨我的小腿迎面骨，还有人抓住我的头发向后扯。这就是'老虎凳'。"①

　　他们认定尚钺是什么杀人部长（指尚钺在家乡处决了两个罪大恶极的劣绅的布告上签过名，被敌人知道了），但尚钺始终咬定"我没有什么罪，我从来不谈政治……"。尚钺虽然没有暴露自己的身份，但敌人还是把他当作政治犯关进了陆军监狱。在陆军监狱里，尚钺感受到党组织的关怀和爱护。尚钺在《我的监狱生活》一文中回忆说："我大概因三次老虎凳没有屈服，党很爱护。尽管我与浙江党没有关系，在重要的关头，还是能得到党的照顾，为我进监狱住的是乙监第三笼子，没有几天我就得到一个小纸条的通知：'注意姓李的'。当时我不懂条子的意思，到下午就来了一个青年，与我同笼子，也是政治犯，他说他是'西山会议派'，也'反蒋'。他叫'李××'，我马上警惕到上午小条子的通知。因此，我说话就更加警惕。同时，我知道监狱中也有党。不久，我被调到甲监，是政治犯比较集中的牢房，因此，我知道当时斗争很复杂，不仅我们同敌人斗争，而且我们党内也有斗争。"②"在这里党的地下组织，对保护党的组织和教育党员的工作，起了很大的作用。"③

　　在狱中，既有被敌人利用后又被枪决的叛徒，也有坚贞不屈、视死

---

① 《尚钺先生》，第62、63页。

② 《尚钺先生》，第65、66页。

③ 《尚钺先生》，第66页。

出狱后的尚钺

如归的烈士，烈士们英勇就义的行为感染教育了尚钺，让他更加坚定了信念，坚定了信心。

为了逼迫尚钺招供，他们对尚钺用了酷刑，导致尚钺"筋断骨裂的剧痛"。在昏迷中，尚钺失去知觉，最后休克，审讯人员又喷冷水让他苏醒。经过十多天反复三次的折磨，加上尚钺身体本来就染有肺病，这时他的病情更加重了，最后被关进陆军监狱瞭望塔底层的停尸房。尚钺回忆说："塔顶四层楼高，可以纵览西湖全境。上边住着国民党搞派系的个别头头，生活享受很高。我被安排在楼底大房子的一角。一日工犯送饭来，碗底有一个小纸条字写着：'要求监外治疗'。同时，他低声地说：'你请求一下监外治疗！明天医官就来看病。'说完又用眼看着我，拿起碗走了。"[①]

第二天，医官果然来了，尚钺就提出了请求。医官看到虚弱的尚钺就答应了，让他写申请。大约过了一周时间，典狱长来了，命令似的

---

① 《尚钺先生》，第67、68页。

说："尚钺，刑庭批准你出监治疗，只有一个月，到时候还要回来！知道吗？"尚钺回答说："知道了。"

随即有个工犯拿尚钺的衣服行李，把尚钺送到监狱中间办公室，这时有一个人正在等着尚钺，他是书店老板黄道源。

原来，杭州的书店经理和上海泰东图书局通过连环保的形式，保释尚钺出狱，这是党组织营救入狱同志的一种方式。

全国通缉

关于尚钺1928年两次入狱的情况，由蒋振兰整理的尚钺回忆录《我在吉林的革命活动和吉林毓文中学的学生运动》一文中说："大革命时期我在河南省罗山县，在马尚德（杨靖宇）领导下任过第六支队长，兼苏维埃主席。在革命斗争中我带领群众打死了不法地主，因此我在罗山县被捕。我是地主家庭出身，伯父也是大地主，是行医的，他托人把我保出来，出狱后，伯父给我廿元钱，我便跑到上海，不久我病了，到杭州去养病，由于有人告密，说我是杀人部长，在杭州我又被捕了。但我始终不承认，他们也拿不出证据。因为当时正是蒋冯阎中原大战时期，陇海路上战火纷飞，他们无法到罗山调查，在这种情况下，由我的老师鲁迅先生出面将我保出监狱外就医。"[1]

尚钺讲过他在杭州保外就医是鲁迅出面帮忙。关于这一点，并没有资料可以佐证。经查，鲁迅于1927年10月抵上海，10月8日移寓景云里，

---

[1] 尚钺口述、蒋振兰整理：《我在吉林的革命活动和吉林毓文中学的学生运动》，载中共吉林省委党史研究室编《船厂风云：吉林市早期党史资料汇编》，吉林市友好印刷厂印刷，1997年，第223页。

12月应大学院院长蔡元培之聘，任特约著述员。可详见《鲁迅全集16·日记》1928年7月的几次记载。7月12日："晚同钦文、广平赴杭州，三弟送至北站。夜半到杭，寓清泰第二旅馆，矛尘、斐君至驿见迓。"7月13日："晨介石来。上午矛尘来。午介石邀诸人往楼外楼午餐，午后同至西泠印社茗谈，旁晚始归寓。"7月14日："上午介石来。矛尘、斐君来。午钦文邀诸人在三义楼午餐。"7月15日："午邀介石、矛尘、斐君、小燕、钦文、星微、广平在楼外楼午饭，饭讫同游虎跑泉，饮茗，沐发，盘至晚归寓。"7月16日："下午矛尘来，同至抱经堂买石印《还魂记》一部四本。"7月17日："清晨同广平往城站发杭州。钦文送至驿。午到寓。"[①]

从1928年7月12日至17日的日记可以看到鲁迅由上海到了杭州，在杭州他见到了介石、矛尘、钦文等，随后于7月17日上午乘火车由杭州返回上海，中午回到寓所。这里的"介石"是郑奠，当年在北京大学就曾与鲁迅同事。郑奠是尚钺的老师，教授文法课。鲁迅在杭州待了近一个星期，日记中并没有他去杭州是为了营救尚钺的文字。郑奠在《片段的回忆》中写道："一九二八年七月，鲁迅先生偕景宋夫人到杭州游览，我那时陪着同游了三天。"[②]也没有写鲁迅到杭州是为了营救尚钺。如果说鲁迅写日记时有所忌讳，那么郑奠的这篇写于1956年9月10日的回忆文章中应该有所透露。但是，郑奠的文章中亦没有只字提到。而泰东图书局出面的连环保则有据可查。

从1929年9月30日浙江高等法院训令第七四九七号和1929年12月2日河北高等法院监察处通令第一六二三号可以得到证实。

---

① 本段引文出自《鲁迅全集16·日记》，第88页。
② 郑奠：《片段的回忆》，《文艺月报》1956年10月号。

浙江高等法院训令第七四九七号令各院、县为尚钺反革命一案仰严缉由

（只登公报，不另行文）

令各 地方法院
　　　兼理司法县政府

　　案查本院受理尚钺（即尚宗武）反革命一案，该被告自前特种刑事法庭称病准予交保后，迄今屡传不到，应予严缉究办，合亟抄发通缉令，书仰该院、县查照一体会督军警，严行缉获解究，毋得疏懈，切切此令。

　　计抄发通缉书一纸。

院长　殷汝熊
中华民国十八年九月三十日①

　　浙江高等法院的通缉书没有河北高等法院检察处通令事由及有关内容详细，现也录下。

河北高等法院检察处通令第一六二三号

令 兼 理 司 法 各 县 长
　北平大名第一、二高等分院
　天津北平保定石门唐山各地方法院 首席检察官
　武 清 涿 县 顺 义 各 分 庭 检 察 官

为通令事案奉

　　最高法院检察署平字第二九零六号训令开案，奉司法行政部训令第一七零四号内开案，据浙江高等法院院长呈称查职院受理尚钺

---

① 《浙江省政府公报》第七百二十四期，1929年10月7日。

（即尚宗武）反革命一案卷，查被告前经侦缉队捕获，由前浙江特种刑事法庭迭次庭讯，虽无切供，惟当时在被告人寓所搜获违禁书籍多种，实属不无嫌疑，后因被告肺病甚重，由特庭指定医院保外医治，旋即他逸。经保人黄道源、朱惠淥前往上海及河南原籍查追无着，现该被告既经逃亡，无从弋获，自非缉获归案不足以伸法纪。除分令各地方法院、各兼理司法之县政府一体严密侦缉外，理合填具通缉书备文呈请俯赐通令、协缉归案、讯办等情到部。据此，除指令外合，亟令仰该检察长遵照通令所属，将尚钺一名，协缉务获归案，训办此令等因，并抄发通缉书一纸到署，奉此，除分行外合，亟令仰该首席检察官遵照并转饬所属一体严缉，务获究办，此令计发通缉书一纸等。因奉此合行，转令所属遵照一体协缉，务获究办，此令。

计发通缉书一纸。

中华民国十八年十二月二日

首席检察官　王　泳[1]

据尚钺回忆，他在杭州被捕后被押在浙江监狱，后因病被保释出狱（假释），病好回狱。他当然是不能回去的，就逃往东北去找老朋友楚图南同志，也因此失掉了党的组织关系。

尚钺思想纯粹，任何灾难都不能使他失掉精神上的追求。

从此，尚钺更加坚定地走上了革命的道路。

---

[1] 《河北省政府公报》第四百九十五号，1929年12月8日。

第九章 衔命满洲路崎岖

毓文中学

尚钺在杭州的狱中关了半年时间，于1929年年初保外就医，他在地下党组织的安排下离开杭州，立即转移。1929年1月，尚钺到达吉林，经楚图南介绍，到毓文中学教书。

楚图南（1900—1994），云南文山人，1919年8月考入北京高等师范学校。1922年，李大钊、蔡和森在北方开辟党的工作，蔡和森参加了指导北京高师社会主义青年团的活动，楚图南在此时加入了社会主义青年团，并负责编辑《劳动文化》月刊，他的编辑室也就成了蔡和森的临时避难所。

1923年，楚图南从北京高师毕业，李大钊指派他回云南开展青年学生工作。1925年秋，他又接到北方党组织的通知回到北京，李大钊派遣他到东北工作，也就是在这时，楚图南加入了中国共产党。1925年年底，楚图南到达哈尔滨，先后在哈尔滨三中、六中、女中等学校以教师身份为掩护，从事党的地下活动。1926年6月，楚图南到吉林毓文中学任国文和历史教师；年底，他又调回哈尔滨工作。1927年春，中共满洲省委成立，他负责宣传工作，之后，他又到长春二师任教。1928年秋，楚图南再次回到哈尔滨，也就是在这期间，他把在关内已暴露身份、被迫来到东北的共产党员尚钺、杨定一等人介绍到吉林毓文中学，以及一中、五中去工作。

毓文中学在吉林省是一个比较进步的民办学校，其创始人韩梓飏曾在吉林省第一中学任教，思想上追求进步。1915年9月，王辑唐出任吉林巡按使（即省长），因思想保守，压制进步力量，以整顿学校秩序为名开除了省一中的韩梓飏等20多名进步教师。韩梓飏在家赋闲时看到《吉长时报》上有一条关于创办私立学校的消息，便萌生了创办私立中学的想法。1916年始，韩梓飏多处求教办学之道，7月赴北京向在那里的南开中学创始人张伯苓求教，得到张伯苓的指导和大力支持。张伯苓向南开校友和学生发动"一元捐献"活动，据说周恩来当年作为南开校友也为毓文中学的筹建捐了款。张伯苓亲临指导、选址，当他看到建校的位置，前临松花江，背依北山，依山傍水，风景秀丽，十分感慨地说："此地钟灵毓秀，必有孔子所云'郁郁乎之势'，或可名为'毓文'，以达文明之志。"[1] 于是，私立毓文中学因此得名。

1917年3月1日，毓文中学正式开学，招预备班学生58人。到1929年，历经十多年的风雨，毓文中学学生已增加到400余人。1924年12月，创始人韩梓飏当选为吉林省议会副议长，此后因忙于公务，学校先由张云责[2]代理校务，之后由张俊图、祝步唐先后负责，到1927年2月，聘

---

[1] 姜国富主编《毓文校史》，长春：时代文艺出版社，2017年，第13页。

[2] 张云责（1891—1931），名青岱，字云责，吉林省榆树市人。1907年考入天津南开学校，后考入北京高等师范学校，毕业后回吉林作省教育厅视学，与韩梓飏等人创办了毓文中学。后来，他投笔从戎成为张学良心腹。1931年在石家庄被害。

任李光汉为校长，直到1936年李光汉被日本军队逮捕就义。

毓文中学成立之后，吸引了很多文化名人前往做客或教书。1921年4月，郭沫若回国，一到上海，他看到的是满地腥云，没有久留，便悄悄来到友人张云责处做客。因为郭沫若与张云责的这层关系，当时韩梓飏就请郭沫若为全校师生作了一次《发扬"五四"运动精神》的讲演，以激励师生发扬"五四"爱国精神，争做改造中国的先锋。其间，正值有一位国文老师请假，学校就请郭沫若代了几节国文课，他讲的是司马迁的《报任安书》，给学生们留下了深刻的印象。郭沫若在毓文中学待了20多天后就走了。曾在毓文中学任教的还有诗人徐玉诺、穆木天等，其中徐玉诺曾先后两次到毓文中学执教。

尚钺到吉林时，正值张学良"改旗易帜"不久，国民党特务组织的公开活动已经开始由沈阳深入吉林。当时，张学良虽然易帜，接受国民政府统治，但是在东北，尤其是毓文中学，有一股进步的力量在涌动着。国民党也发现了这股力量，就在毓文中学开始打击进步势力。于是，毓文中学内共产党与国民党的教员斗争不断。据尚钺回忆说："当时的斗争在大的政治原则问题上有这样几点：表现在民族问题上，国民党主张打击和排挤朝鲜人（金日成在校），说他们是日本帝国主义的特务。我们反对这种笼统的说法，我们认为朝鲜族中有很多进步分子，其中好多是共青团员，所以我们主张团结一切进步的朝鲜人来共同反对日本帝国主义；反映在反帝问题上，这是当时一切活动的中心，我们认为反帝具体说是反对日本帝国主义，国民党则相反，他们却勾结日本帝国主义。在对苏联的看法上，国民党说苏联和日本一样，我们不同意这种看法，我们认为苏联和日本有本质的差别，一个是社会主义苏维埃，一个是帝国主义

毓文中学

尚钺带领学生游北山

侵略者。"①

尚钺在当时为了配合斗争，利用自己的优势做了一些工作。他在课堂上讲了一个多月什么是帝国主义的课程，是有系统地讲解，主要根据列宁的帝国主义论，把日本帝国主义和苏联区别开来。经尚钺这么一讲，校内进步学生的眼睛更亮了，效果很好。但因此也使校内国民党与共产党等进步势力的斗争日益尖锐化，甚至在一些细小的问题上也出现了摩擦。

经过几次明里暗里的斗争，毓文中学的青年学生得到锻炼。后来，

① 尚钺口述、蒋振兰整理：《我在吉林的革命活动和吉林毓文中学的学生运动》，载中共吉林省委党史研究室编《船厂风云·吉林市早期党史资料汇编》，吉林市友好印刷厂印刷，1997年，第223—224页。

在五四纪念日等活动中还组织了示威游行，同时也带动其他各校开始了活动。国民党当局认为祸根在尚钺，所以，校长李光汉在国民党的压力下，辞退了尚钺。于是，尚钺就在1929年暑假离开了吉林毓文中学。

再到东北

据尚钺回忆说："学潮起来了，国民党当局就认为我是祸根，所以李光汉校长就在国民党的压力下，辞退了我，为我送行，于是我就离开了吉林。这是1929年暑假的事。

"1929年下半年到五中（哈尔滨）才和党接上关系，在邹大鹏同志领导下工作，他当时是五中的党支部书记。

"我在吉林是以一个党员的立场进行工作，讲帝国主义是团里的几个同志的要求，我把它视为团的组织要求而讲的。"[1]

1929年秋季，尚钺来到了齐齐哈尔昂昂溪第五中学任教，由吉林到了黑龙江。

第五中学校内斗争比较复杂，那时学校里既有共产党，又有国民党，还有日本特务。学校校长是由国民党派去的宣传部部长芮道一，还专门成立了国民党支部。而尚钺等共产党一方，则组织反帝同盟会，和他们开展斗争。尚钺当时教语文，和学生关系很好。学生之间有斗争，常常是尚钺出面解决。

那时的尚钺，仍用化名谢潘、谢中武（仲伍），给学生讲三民主义，

---

[1]　尚钺口述、蒋振兰整理：《我在吉林的革命活动和吉林毓文中学的学生运动》，载中共吉林省委党史研究室编《船厂风云·吉林市早期党史资料汇编》，吉林市友好印刷厂印刷，1997年，第225页。

但与国民党的教师讲的不一样。这样一来，反帝同盟会发展很快，盟员近百人，国民党的左派也被拉了过来。"中东路事件"爆发，国民党宣传反苏，尚钺他们宣传保苏。尚钺回忆说："当时反日保苏是我们的中心工作。国民党和日本特务，在学校从各方面排斥我们，想要把我们挤出去。可是我们在学校有很大的影响。韩光同志就是那时的学生。我们就发动了一次反排斥运动……那个国民党的芮校长去哈尔滨告我们，我们也呆（待）不了啦。在临走前，就在我住的房子（在昂昂溪车站附近）给学生讲了一次话，以后就到哈尔滨去了，又被哈尔滨当局下令驱除出境。

"昂昂溪五中学生斗争，相持半年之久。学生中有共青团的组织，可能和省城的女子师范有联系。究竟是什么样的党组织、什么样的共青团组织，我就不清楚了。因为我没有恢复党的组织关系，不能打听党组织的情况。……一直到哈尔滨，才告诉我恢复党的组织关系。"[1]

而尚钺由于常常出面协调解决一些问题，再次遭到校方的排斥，不久便离开了哈尔滨。

侯如意主编的《黑龙江青年运动历史编年（1919年5月—1949年9月）》载："（1930年1月上旬）满洲省委书记刘少奇和团委书记饶漱石到哈尔滨巡视工作"，"（1930年1月27日）由刘少奇、孟坚、饶漱石组成'哈尔滨行动委员会'下设两个机关：一个指挥中东路斗争；一个指挥其它（他）各种斗争。为了加强对哈尔滨和中东路事件斗争的领导，

---

[1] 孙宏宇、赵东昌记录、整理：《关于昂昂溪特区五中学生运动情况——访问尚钺同志谈话记录》，载赵祖铸主编《卜奎星火：中国共产党在昂昂溪东省特别区第五中学革命活动资料汇编》，1991年，第43—44页。

满洲省委先后派邹大鹏、杨先泽（南杨）、尚钺（聂树先、老聂）等来哈尔滨工作"。[1]

尚钺离开昂昂溪五中之后，便到了上海。经由柯仲平等介绍，到上海全国总工会任宣传部干事，化名丁祥生。不久，又被调到党中央机关报《红旗日报》采访部担任采访记者。接着，尚钺又被调到中央组织部工作，经过审查，恢复了党籍，随后，被任命为《红旗日报》采访部主任。就在这期间，尚钺创作了小说《胜利品》，署名依克，刊于《东方杂志》第27卷第19、20、21号；出版了中篇小说集《巨盗》，署名克农，1930年9月由南京书店发行。

1931年1月17日，尚钺应邀到上海远东饭店参加何孟雄、李求实、林育南等人召开的党的会议。当他到达远东饭店时，何孟雄等30余人已被国民党抓走。抓走的人中还有"左联五烈士"[2]。1931年2月7日，这五位左联成员和林育南、何孟雄等18位共产党员被杀害于上海龙华。尚钺因事先准备了一封假装到远东饭店找人谋事的信件，才机智地应付并躲过了特务的盘查，幸免于难，但是尚钺从此便从上海消失，被党中央派到满洲省委工作。

据资料显示，1932年1月30日，在即将到任的满洲省委秘书长尚钺（化名聂树先）主持下，《满洲红旗》在哈尔滨复刊。1932年2月5日，哈尔滨沦陷后，该刊继续出版，并套色彩印。1932年4—5月，尚钺化名聂树先，别名老聂，任中共满洲省委常委、秘书长。尚钺到满洲省委

---

[1]　侯如意主编《黑龙江青年运动历史编年（1919年5月—1949年9月）》，1989年，第55页。

[2]　"左联五烈士"指李求实、柔石、胡也频、冯铿、殷夫。

复刊后的《满洲红旗》封面

工作,又一次来到哈尔滨,住在哈尔滨马家沟地下党员冯仲云家里。当时冯仲云的公开身份是大学教授,尚钺在他家里只好扮作伙夫。在党内,尚钺是省委常委、秘书长,冯仲云是秘书处处长,冯仲云的家实际就是省委秘书处,是党的活动据点。尚钺和冯仲云、薛雯夫妇生活在一起,就像一家人一样。可冯仲云夫妇并不知道聂树先就是尚钺。

薛雯在《在满洲省委的日子》一文中回忆说:"我和冯仲云与尚钺同志相识在1932的4月。……原在沈阳的中共满洲地下党省委机关遭受到了破坏,省委于1932年1月迁到哈尔滨,罗登贤任省委书记。冯仲云是1927年入党的清华大学数学系学生,1930年到哈尔滨从事党的地下工作,公开身份是东北商船大学数学教授。"[1]冯仲云是省委秘书处处长,薛雯是文秘、交通员,在冯仲云家,尚钺烧火做饭,就像个真的伙夫。

1932年4月下旬,薛雯生下了大女儿(冯忆罗)。当时家里生活拮据,

---

[1] 《尚钺先生》,第91、92页。

尚钺就力所能及地做一些滋补的饭菜给薛雯吃。冯仲云不会抱孩子、喂孩子，尚钺就耐心地教冯仲云；薛雯看着不足月的孩子不知怎么办，尚钺就教她怎么给孩子洗澡、换尿布，怎样用小毛毯把孩子包起来。

作为秘书长，尚钺的工作十分繁忙。哈尔滨市以外各县的党组织和游击队的关系，省委各机关的联系都集中在秘书长手里，秘书长还要管理省委的经费开支，组织并参加各种相关会议。尚钺经常埋头写东西，处理往来各种信函，包括工作情况汇报以及敌情分析，等等。由于他工作严谨，坚持原则，敢于斗争，就得罪了一些同志。

1932年6月，中共临时中央在上海召开了北方各省委代表联席会议，即"北方会议"，按照罗登贤书记的意见，满洲省委代表指出满洲省的情况和其他省的情况不同，并要求中央给予满洲特殊政策，就是东北党组织的任务是领导人民用民族自卫战争反抗日本帝国主义的侵略，结果遭到当时中央领导的痛骂。他们没有考虑到满洲的工业基本被日本控制，日本在满洲建立了傀儡政权"满洲国"这一事实，错误地认为"中国革命空前高涨，革命时机普遍成熟，任何省、任何地区都是地主、资产阶级统治的，应该向国民党进行暴动，开展武装斗争"。"北方会议"后，撤销了罗登贤的省委书记职务，并调离东北，李实担任满洲省委书记，满洲省委进行了改组。

开除党籍

薛雯回忆说：满洲省委书记，是以王明为首的中共临时中央早已安排好的，李实在"北方会议"之前就已经到了哈尔滨并开始控制省委。在未传达"北方会议"精神时，省委筹备组就召开会议决定搞飞行集会、示威游行等，尚钺不同意这种做法，冯仲云也不同意。于是，以李实为首的满洲省委领导就对尚钺和冯仲云展开批评，要尚钺自己找工作。冯仲云介绍尚钺去做国际工作，省委得知此事后，给冯仲云严重警告处分，尚钺则被开除了党籍。

关于这段历史，有相关资料显示。在1932年9月20日《战斗》第1期上有一篇署名"冬薰"的文章，标题是《反对实际工作中的机会主义》，文章火药味十分浓厚，全文如下：

> 谁也了解要转变，谁也不敢说不转变，谁也在口头上说要努力于转变，甚至于像反对党的聂树先们，他们也在口口声声地说转变，藉（借）口党的转变不够，以许多"左的"空谈，来反对党的转变与抵抗党的转变。
>
> 然而我们所需要的转变，是布尔什维克的转变，而不是口头上的与纸头上的转变！
>
> 过去满洲省委长期的违反了国际与中央的路线，陷在机会主义路线的泥坑中，确确实实地有许多机会主义的遗毒，使我们不易转变。在转变中要遇着许多实际的困难，而不能很迅速的（地）获得应有的成绩。因此，满洲党的转变，一定要经过残酷无情的斗争，经常不断的斗争，反对任何不正确的倾向与不正确的行动的斗争，才能彻底的肃清机会主义时期的遗毒，才能执行国际与中央的路线，才能保证满洲党顺利的转变，执行北方会议所给予满洲党的任务。
>
> 很清楚的，满洲省委扩大会议之后，满洲的党在新省委领导之下，一致的（地）接受了中央的指示与北方会议的全部决议，指

斥与批评了满洲省委机会主义的领导。然而问题不只是在于指斥与批评过去的错误，问题也不止（只）是于口头上接受北方会议的决议，问题是要能在实际工作中有一个彻底的转变，然后正确的政治路线，才不是成为空谈或者清谈。

我们短时期的转变中，确实获得了些成绩，开始了我们在政治上、思想上的两条战线的斗争，开始了我们面向企业面向斗争的工作，开始注意转变我们的工作方式与方法。然而我们严格的检查起来，我们还未能在实际工作中有了彻底的转变，成绩还是沧海之一粟，我们在转变中，严重的犯了不可允许的实际工作中的机会主义。

正因为我们实际工作中机会主义问题的严重，所以，我们领导的同志，还缺乏布尔什维克的战斗的精神，还未能打破一切困难，多多少少有许多向实际困难投降的可耻的表现，官僚主义的遗毒，还未肃清，集体领导与个别负责制度未能实际的（地）建立起来。因此我们许多决定与决议，在实际工作方面表现的成绩是非常之少。没有布尔什维克的在实际工作中的彻底转变，我们的转变必然是一种空谈。

我们必须转变，必须在实际工作中求得彻底的转变，我们要肃清机会主义的任何不好的倾向与表现，要为每一个决议的每一个条文而斗争，要为每一个决定百分之百的实现而斗争，要打破上下隔膜或者是上下不联系的现象而斗争。转变我们实际工作的武器是：检查、检查，第三个还是检查！在实施严格地检查中，开展我们的两条战线的斗争与发展自我批评，而蓬蓬勃勃活生生的转变，则要我们学习列宁与斯大林同志的作风！[①]

一番轰炸式的批评之后，便有了《中共满洲省委关于开除聂树先、马龙友、陈德森、关××等党籍的决议》，时间是1932年12月1日。关于聂树先（即尚钺）的决议内容是：

> 聂树先原属地主阶级的分子，1928年在河南工作时，已经表现他的动摇，而私自脱离党的组织，曾为河南省委所开除，以后又混入党里来，但在工作中仍时常表现动摇与不坚定，当新省委成立时，因为他不适宜于省委秘书长的职务而分配他以群众工作，他立即进行小组织的活动，煽动下级同志作反省委运动，在政治上反对省委的转变，省委立即撤销他的工作，制止他的任何活动，予以布尔什维克残酷的斗争，然而他遇着省委以及一般同志布尔什维克的斗争之后，立即私自潜逃，脱离党的组织，省委决定开除其党籍，勿再混入党的组织。[②]

"决议"中说尚钺不坚定，在河南动摇脱党等，显然是不实之词。关于他"私自潜逃，脱离党的组织"这件事，冯仲云在1960年3月8日有一篇回忆文章《满洲省委及北方会议、"一二六"指示信等情况》，

---

① 冬薰：《反对实际工作中的机会主义》，《战斗》1932年第1期。

② 《中共满洲省委关于开除聂树先、马龙友、陈德森、关××等党籍的决议》，载中央档案馆、辽宁省档案馆、吉林省档案馆、黑龙江省档案馆编《东北地区革命历史文件汇集（1932年8月—1932年12月）》，1983年，第177页。

其中有一段是这样说的："北方会议提出举行游行示威，省委还写了
'八一'决议。当时我和尚钺与何成湘①的意见不一致，我们主张光示威
游行还不够，还应当搞部队。由于这种争论，决定要给我们处分，叫我
们写申明书，尚钺写了几点，写的不好，所以给他处分。后来王一飞来
找我，叫我去作国际工作，想把我拉过去，我没去。我又告诉了尚钺，
后来他去了。但他没经过组织允许就去了，我把这个情况向省委报告
了，因此只给我严重警告处分，尚钺被开除了党籍。"②

从省委常委、秘书长这个繁忙而又重要的位置一下降到人生的冰
点，尚钺整个生命的钟摆很沉重地停了下来。

他整个人都湮没在这个缓慢而又混沌的梦境之中。他开始怀疑自己
的所作所为，人生的大河也曾浮起了回忆的岛屿，他走过的路，他的追
求，他的梦想……一切的一切，立刻形成令人发笑、令人作呕的眩目的
旋风。

他苦苦地挣扎，坚强的心灵在自己的祭堂中潜修默炼。

---

①　何成湘当时是满洲省委常委组织部部长，聂树先即尚钺是省委常委、秘书长，
杨靖宇、赵尚志均为常委、军委委员。

②　冯仲云:《满洲省委及北方会议、"一二六"指示信等情况》，载辽宁社会科学院
地方党史研究所编《中共满洲省委时期回忆录选编》(第三册)，第9页。

第十章　苦苦追寻播火种

返回祖国

身处逆境的尚钺丝毫没有动摇对党的信念，他找到在共产国际做情报工作的王一飞想向共产国际申诉，当时王一飞的公开身份是依兰县油坊大老板，尚钺就在那里当厨师作为掩护。后来，尚钺到了苏联远东，在苏联红七军政治部第四科做科员，但是，他向共产国际申诉的事情最终没有结果。

但凡是挣扎过来的人都是真金不怕火炼的。任何幻灭都不能动摇他们的信仰，因为他们知道信仰之路和幸福之路全然不同，他别无选择，只有朝着梦想的方向前进，别的都是死路一条。当然，这样的自信并非一朝一夕就能养成。

1934年5月，尚钺只好回到哈尔滨，又到上海、北京等地寻找党组织。

据尚钺的小儿子尚小卫回忆说：我父亲说他是夏季游过黑龙江到苏联的，到后在共产国际远东情报局接受过培训，学习无线电、收发电报。回国时还带了一台发报机。后来，因为国内党组织遭到破坏，没有从事情报工作。

1934年4月，共青团满洲临时省委宣传部部长杨波、书记刘明佛叛变被捕，导致满洲的党、团省委及吉东局、满洲总工会等机关相继被破坏。1934年以后，中共中央机关随红军长征，上海中央局又遭到破坏，满洲省委与党中央失去了联系。1935年年初，中共驻共产国际代表团电令满洲省委领导人员全体去莫斯科，只有一人留守省委，其他人员分途赴莫斯科。当尚钺回到哈尔滨后，满洲省委已经名存实亡了。他找不到党组织，便又到了上海。谁知，尚钺在上海的朋友柯仲平1930年年底被捕后，于1933年8月经友人筹集资金营救，被保释治病，已辗转到了开封。于是，尚钺又从上海回到了北京。在北京，他寄居在堂哥尚仲衣家中。尚仲衣1929年在美国哥伦比亚大学获得教育学博士学位后回国，先执教于浙江省立民众教育实验学校，并任校长，1933年任教于北京大学教育系。

1935年冬天，尚钺与当年"狂飚社"成员高沐鸿[1]取得联系，可高沐鸿那时还没有加入中国共产党，尚钺无法与党组织取得联系。1935年12月9日，北平大中学生数千人举行了抗日救国示威游行，反对华北自治、反抗日本帝国主义，掀起了全国抗日救国新高潮。1936年1月，京、津等地学生组织南下宣讲团，学生运动一浪高过一浪，当局大肆逮捕学生和老师。作为深受学生喜爱的留美博士尚仲衣，对于学生的爱国言行十分赞赏，他的言行因此遭到当局的忌恨。1936年3月1日，尚仲衣被捕。在各界的声援下，由北京大学校长蒋梦麟和文学院院长胡适出面保出，

---

[1] 参见董大中：《狂飚社纪事·高沐鸿狂飚时期的作品》，太原：北岳文艺出版社，2017年，第175页。

而另一位被捕教授张申府（崧年）却被移送到陆军监狱。不久，尚仲衣南下到了广东。尚钺也被迫离开了北京，他没有去广东，而是去了宁夏。

关于尚钺1927年入党到1936年逃离北京前往宁夏这段历史，魏若华在《尚钺有关史实的若干通信（连载二）·魏若华致王廷选》中说，他到中组部、中宣部、中国人民大学党委查到了关于尚钺的卷宗。信中叙写了尚钺这段曲折、坎坷的历史。可以肯定地说，魏若华的叙写是依据了他查到的卷宗。以下摘录几段：

> 1930年5月，由柯仲平（诗人）介绍，化名丁祥生（通称"老丁"）到上海全国总工会任宣传干事，不久又调往中央机关报《红旗日报》任采访。一天，社长兼总编辑王稼祥同志委派他代表报社去参加党内一个高级会议，他不得不说明两次被捕以及组织关系中断的真实情况：
>
> "我是一个群众，不能出席组织会议。"尚钺如实地说。
>
> 王稼祥十分惊讶："党报是核心组织，还有失掉关系的党员？"
>
> 于是，让尚钺写了一个经过材料，转交中央组织部审查，待调查有了结论后，正好潘汉年（后负责"特科"）调走，由尚钺继任采访部主任。组织关系恢复后，调中组部三科特委会工作。[①]

1932年，尚钺"被错误地开除出党后，尚钺要求仍回中组部工作，省委领导何成湘断然拒绝：'不能送你回中央去捣乱！'无奈之下，通过

---

① 魏若华：《尚钺有关史实的若干通信（连载二）·魏若华致王廷选》，《银川党史》1997年第1、2期。

冯仲云认识了王一飞，由王一飞介绍到苏联去工作，提出的条件是'保证党籍'，对方答复：'以政治生命做担保！'待他到达远东（伯力）红旗军司令部的岗位后，方知通过联共党找驻共产国际中共代表团申诉或控诉是毫无希望的，延至1934年5月只好又回国来了"。

尚钺有关自述材料载："1934年秋，在北平遇见了高沐鸿同志，他为我介绍了党的关系，接头人系师大学生，姓杜的，谈了几句话，要求我先开展工作，然后恢复组织关系。当时决定的工作是筹办《北方红旗》，不久北平市委遭到破坏，杜同志也被捕了。高沐鸿又来通知我，据说连他的关系也失掉了。我们一同到北平西山去住，我们互相商量了好久，始终没有办法，最后他决定回太原去。1936年秋，他离开北平，回到太原，我仍继续与尚仲衣翻译苏联平克维基的《苏联新教育》。适逢史沫特勒（即史沫特莱）到北平，与尚仲衣有来往。1935年年底，由尚仲衣介绍来一位青年，是搞农民赤卫军工作的，也姓高，经过两次谈话，组织又决定我去参加农民赤卫军的工作，但刚刚定下来，仲衣又来告诉我，姓高的同志被捕了。同时与我来往的许多陕北的有组织和无组织关系的朋友，又大批被捕了。一位与我在一块的北平的马同志于1936年被杜聿明捕去枪毙了。因此我的地址也发生了问题，不久尚仲衣又被捕。我于此时，便由我老婆的关系，仓促逃往宁夏。"①

尚钺这段自述最后一句说："我于此时，便由我老婆的关系，仓促逃往宁夏。"这里"我老婆"是谁呢？她不是陈幼清。

陈幼清是尚钺的结发妻子，1923年即"唤醒民众，改造社会"的青

---

① 魏若华：《尚钺有关史实的若干通信（连载三）》，《银川党史》1997年第1、2期。

尚钺在北京寻找党组织

年学社骨干成员，约于1927年由尚佩珍介绍加入中国共产党，系红军战士，罗山县苏维埃第一任妇救会主任。1931年任罗山县委委员兼被服厂（红军供给部门）负责人。1932年1月，在张国焘"肃反"路线指导下，将该县区、乡苏维埃以上的干部全部召集到宣化店"集训"严刑逼供后，多数被秘密处死。陈幼清，包括工委书记郑新民，副团长全范文等班以上的干部全部被杀害了。

那时，尚钺正好在满洲省委任职，因陈幼清是秘密杀害，路途又远，他一无所知。留下的三个孩子，两个被群众抱出来收养的是尚嘉芝、尚嘉齐（琦），另一个仅4岁，乳名海伦，当时红军正值向大别山撤退，孩子发高烧，陈幼清无法带着他随军而行，只好留给沿途的老乡，不知死活，从此便没了下落。到了1934年尚钺从苏联远东返回国内时，老家妻子陈幼清和孩子的情况，他应该是知道了。而他回忆中"便由我老婆的关系，仓促逃往宁夏"中的"老婆"是他的第二任妻子丁月秋。

丁月秋其人

丁月秋（1899—1978），生于昆明一个书香家庭，原名丁桂元，曾用名丁素屏、丁少芸，笔名丁之丹。1907年入私塾读书，1912年入云南省立女师附小学习，1915年升入云南省立女子师范，1920年毕业。丁月秋和陆晶清、商娥生被称为云南省五四运动"三女杰"。1921年年底，丁月秋和柯仲平一起历经千辛万苦，于1922年到达北京。1922年秋天，丁月秋考取了国立艺术专门学校西洋画系，开始了她在国立艺术专门学校西洋画系第一班四年的学习生活。1924年，柯仲平考入国立北平法政大学法律系，1926年肄业。丁月秋于1926年春从国立艺术专门学校毕业，取得了毕业证书。李苦禅、刘开渠这些后来成为艺术大师级的人物，当时与丁月秋都是同学。闻一多于1925年任西洋画系主任，是丁月秋的老师。1924年，丁月秋与柯仲平正式结合，组建家庭。1926年春季，丁月秋毕业后，由北京师大杨尔宗介绍到陕北榆林中学教书。1926年5月，柯仲平退学到上海加入郭沫若创办的"创造社"出版部做"小伙计"。1926年8月7日清晨，国民党上海市党部查封了"创造社"，柯仲平、叶灵凤等人被捕，后经胡愈之、叶圣陶等进步人士大力帮助被保释出狱。1926年秋，柯仲平从上海出狱后也到了陕西榆林，没有工作，在家里搞创作。丁月秋则兢兢业业地教书。1927年"四·一二"反革命政变后，丁月秋和柯仲平离开了榆林，柯仲平辗转西安，后来到了上海，丁月秋则被聘到了宁夏。

　　1928年春天，丁月秋应宁夏道尹①邵遇芝邀请创办宁夏女子师范，同时还被聘到兰州八师五中兼授艺术课。宁夏女子师范创办之初，要聘任丁月秋担任校长，丁月秋怕被约束就推辞了，但她还是担任了该校首

---

　　①　民国时期宁夏隶属甘肃省宁夏道，"道尹"是最高行政长官的官名。

任教务主任。1928年夏，第一个学期结束，丁月秋便离开了宁夏女师回到北京。

丁月秋原是柯仲平的妻子，怎么会成了尚钺的老婆呢？这个过程既传奇又具有时代特征，更浓缩出老一辈无产阶级革命家悲壮而痛苦的人生经历。

1928年暑假过后，丁月秋因朋友介绍赴山东曲阜省立第二师范教授图画课，而柯仲平则继续他的文学创作并于1929年春到了上海。在山东曲阜省立第二师范教了一个学期的课，丁月秋也到了上海。1929年6月，丁月秋和柯仲平的女儿莉莉出生了。1929年秋，柯仲平在上海法科大学教新艺术课程，丁月秋在法科大学附中教音乐课。柯仲平在学校讲课的言论关涉到政治，引起了国民党上海市委的注意。1929年12月8日，突然来了两个便衣，丁月秋眼疾手快，在听到生人叫门时就已把相关材料藏了起来。他们搜查了一番，什么也没查到，就让柯仲平走一趟。就这样，柯仲平被捕了。丁月秋把柯仲平被带走的消息迅速转达给学生和校长，几天后，柯仲平由上海法科大学校长保释出狱，又回到学校任教。

柯仲平知道自己从事党的地下工作的危险性，就决定让丁月秋带着女儿莉莉离开上海。于是，1930年春，丁月秋第二次到了山东曲阜省立第二师范任教。但不久，由于学校演出触及地方势力，遭到围攻，还要求解散省立二师，进步师生纷纷逃离，丁月秋只好又回到上海。

1930年12月11日，是广州起义三周年纪念日。1930年12月9日，为了纪念广州起义三周年举行有关游行事宜，柯仲平和杨树浦纱厂的3名工人在上海四马路一个小旅馆内借打麻将做掩护开会商议有关工作，当场被捕。柯仲平被捕后，经受严刑拷打，坚贞不屈，丁月秋想方设法把柯仲平从上海龙华警务司令部看守所转到江苏第二监狱，最后转到苏州反省院，共判刑两年零八个月。1933年8月，柯仲平被保外就医。在柯仲平入狱期间，丁月秋生活艰难，经柯仲平的好友、"狂飚社"成员尚钺介绍，到了浙江省立民众教育实验学校做女生指导员和图书管理员。当时，浙江省立民众教育实验学校校长是尚仲衣，尚钺的堂哥。1933年暑假，丁月秋把柯仲平接到了杭州，并在西湖边上租房，让柯仲平休养恢复健康。钟敬文和陈秋帆夫妇与丁月秋是同事，常常去看望丁月秋一家三口。

　　1933年秋，尚仲衣受聘到北京大学担任教授，离开了浙江省立民众教育实验学校。不久，丁月秋和柯仲平一家三口便来到了河南开封，因为丁月秋的妹妹丁素秋和丈夫杨春洲都在开封教书。经杨春洲介绍，丁月秋到北仓女中和开封女中任教。1934年、1935年暑假，丁月秋和柯仲平一家三口曾到北京香山避暑休假。1935年，丁月秋、柯仲平的好友朱静涛从上海来到北京，考虑到当时在苏州担保柯仲平保外就医的时间是三年，他怕柯仲平身体恢复好，又跑到上海闹出事来，朱静涛就和丁月秋商量，筹划让柯仲平出国到日本去待一段时间，避避风头。这样，柯仲平既可以休养身体，又可以搞文学创作，朱静涛对上面也好交代。经过商量，柯仲平同意了。柯仲平去日本后，刚开始还有书信寄回家中，后来便音信全无。

　　由于筹划柯仲平去日本的事情，丁月秋错过了开封北仓女中应聘的时间，就留在了北京，靠打零工、抄写稿子维持生活。后来，柯仲平从日本来了一封信，要求结束他们的婚姻关系。丁月秋看后犹如晴天霹雳。恰在这时，"狂飚社"成员高沐鸿、尚钺都来到了北京，在他们的帮助下，丁月秋总算平静了下来。

宁夏火种

1936年夏天，在友人的邀请下，丁月秋带着女儿莉莉和尚钺一起辗转到了宁夏。到宁夏，丁月秋是第二次了，而尚钺则是第一次。

尚钺在宁夏的经历，他的第三个女儿尚晓援1988年9月10日致魏若华的信中有一段介绍，这是她看了尚钺的履历表后写的，应该真实可靠。她在信中说：

> 他去宁夏中卫第二中学任教，其爱人丁月秋在女中任教，在家父的履历表中，这一段历史的证明人是黄执中，工作单位是"前宁夏省政府"。1937年，家父在宁夏省城第一中学任教员，又因寻找组织关系回到北京，恰遇"七七事变"逃出北平去太原。在太原见到高沐鸿，与山西省党委有接触，（受）山西省委指示，他（再次）回到宁夏，为（组）建宁夏党组织做准备工作。何人给他具体指示还不太清楚，但履历表上这一段历史的证明人是高沐鸿（因山西省委两次派人到宁夏建党，都未搞成，见家父已经立足，便让他回去工作，说以后派人来联系）。家父从二中转到一中，是因为政治观点比较激进，被国民党的人开除了。在二中、一中期间，家父团结了一批青年学生。1938年他离开宁夏时，有12个同学听说他要走，坚决表示要跟他同走，送了六七十里路。家父与他们一起下马车去吃饭，并拿出事先准备好的一封信，让他们拿着信过黄河，到陕北延安去找共产党。信中做了自我介绍，并把这12个人做过工作的

情况讲了。这些人到延安后，被分配到延安学习，后来回到宁夏进行了真正的建党工作。

⋯⋯⋯⋯

在宁夏期间，家父完成了他最后出版的一部小说《计划》。这本书，1982年他去世后才问世出版，改名《预谋》，他的长子也是这一期间不幸夭折的。[1]

丁月秋到宁夏后就职于省立女中，尚钺居家赋闲，一面创作《计划》，一面寻找党组织。1936年12月，丁月秋与尚钺举行了婚礼，宣布正式结婚。1937年春季，尚钺被介绍到宁夏中卫第二中学任教，改名尚健庵。省立第二中学在中卫县，中卫县离银川丁月秋任职的省立女中有一段距离，他就一个人住在中卫。据尚钺的学生姚怀廉回忆说："他的房间很简单，除了书刊，写字的桌旁边有个大木箱子，课余关起门来，一人在写；我们学生进去，他就把所写的东西放进木箱子里去了。他的表妹（指丁月秋）好像不在中卫住，房子里没有多余的设施。"[2]1937年暑假，尚钺由宁夏到天津，打算和朋友合译一部苏联名剧，却正好赶上七七事变。尚钺的长子尚嘉芝那时正在北京上补习学校，准备报考中学。1937年7月29日，北京沦陷，交通断绝，直至8月7日平津通车后，尚钺化装成商人领着儿子尚嘉芝准备由天津返回宁夏，途中多次遭遇土

───────────────

① 魏若华:《尚钺有关史事的若干通信·尚晓原（援）致魏若华》,《银川党史通讯》1996年第4期。

② 转引自魏若华:《尚钺有关史实的若干通信（连载四）·魏若华致王廷选》,《银川党史》1997年第4期。

匪,被洗劫一空。后来,在友人帮助下,绕道太原,于1937年9月才辗转回到宁夏。到宁夏后,尚嘉芝由于身体虚弱,加之一路惊吓,身体出现不适症状,11月底得了中耳炎。由于缺医少药,1937年12月,尚嘉芝病死在宁夏,对尚钺来说是个不小的打击。

1938年,尚钺一家三口绕道嘉峪关,前往西安,他们本来准备投奔延安,可一路曲折不断,只好一路南下。1938年初春,他们先回到尚钺的家乡河南省罗山县,在家待了两个星期后,已有身孕的丁月秋带着莉莉离开罗山先到武汉去了。

尚钺在《经历自述》中这样写道:"(在北京)我的关系中断了,只好离开了北京到宁夏去找党,在宁夏第二中学因有国民党蓝衣社的人,我和他们的斗争是隐蔽而激烈的,后来我终于被他们借口开除。于是我又来到第一中学教书。在宁夏我找不到党,就团结了一些进步学生开展工作。"[1]

他的这段回忆得到了印证。姚怀廉是尚钺在宁夏中卫第二中学的学生,他在《参加抗大及被捕入狱的回忆》一文中写道:"西安事变后,宁夏境内的白色恐怖较之缓和,外地进步教师尚健庵(共产党员)、么树荫、郭冠军、张伯伦相继来到中卫中学任教。尚健庵老师在国文教学中将鲁迅的《呐喊》《彷徨》,高尔基的《大海》《母亲》等进步书籍介绍学生,作为课外读物,启发学生的觉悟。

"1937年春,尚健庵老师将要离开中卫时和几位同学合影留念,并题词:'青年的弟弟们!你们的道路,只有慎思明辨而不挠的前进。'

"1938年春,原中卫中学教师尚健庵从宁夏中学[2]来信,通知中卫

---

① 《尚钺先生》,第12、13页。
② 即省立第一中学,在银川市。

尚钺在宁夏与学生合影留念并题词

中学学生孟长有、姚怀廉二人到中宁集中，同赴西安，再转赴延安。但因接信过迟，时间延误，未能赶上，尚健庵老师已经先走了。"①

尚钺回忆说："1938年，我的处境十分危险，又找不到党组织，就决定到延安去找党。有12个同学听说我要走，他们也表示要跟我一同走，但我不能告诉他们我去什么地方。他们送我走了六七十里路还不肯回去。半路我下马车去吃饭，我才拿出了我事先写好的一封信，让他们拿着过黄河到陕北延安去找党。我的信是写给延安党组织的。信中做了自我介绍，并把我在宁夏对这12个人做过党的宣传和教育一事向党做了汇报，希望党继续培养他们做宁夏建党的骨干。我因带着孩子，家眷不能过黄河，只能绕道去陕北。后来我在武汉还接到了这12人的来信，说他们到延安后不久，党就分配他们去洛川学习了，他们很高兴。"②

1937年春与尚钺一起合影的有孟长有、姚怀廉、左琏、白文玉、刘

① 姚怀廉：《参加抗大及被捕入狱的回忆》，载中国人民政治协商会议中卫县委员会、文史资料委员会编《中卫文史资料》（第3辑），1989年，第16—19页。

② 《尚钺先生》，第13—14页。

应春、鲍文德、高维新、赵月昌等人，他们中大多数到达陕北经过培训后，返回宁夏成为宁夏建党的骨干分子。其中，孟长有成为宁夏第一批革命烈士！

尚铖在宁夏失去了长子，但他组建了新的家庭，更重要的是，他在宁夏播下了革命的火种。

第十一章　忍将寒雾赋新词

喜获丰收

在颠沛流离中，尚钺丰富了创作素材，先后创作出几部中、长篇小说。1929年7月由上海启智书局出版发行的《缺陷的生命》，是一部长篇小说，署名为"克农"。小说近10万字，初版正文为222页。小说的主要人物是"我"和"贞姐"，另外还有义哥、七妈（义哥妈）、五妈（贞姐妈）、九婶（我妈）、四伯、四哥、四伯父的小儿子仲哥，以及刘君和靖武。整部小说以书信为主体，加上过渡段落的叙写，反映出"我"的求学经历和"我"与贞姐的有缺陷的爱情。小说写了"我"在家乡罗山求学到开封再考到北京大学的心路历程，反映出"我"每迈出的一步都是有逻辑基础的——有原因的。整部小说结构严谨，环环相扣，尤其是"我"的心理活动的描写，突出体现了"我"的心态和"我"的性格。"我"是一个有追求、有梦想的青年学生，但同时，"我"也是一个心理自卑，有时缺乏勇气的人，这主要取决于"我"家的穷。

这部小说的情节，若与作者尚钺的求学经历结合起来考察，会发现"我"就是作者尚钺。所以，这部小说亦可视为作者的自传体小说。

小说开篇有两段赠言，其一为：

为着自己的悲悼，沉痛，感切，

　　将此书敬致于亡友关慰华[1]君作永久的纪念。

　　因为没有关慰华君，

　　　今日恐已没有克农；

　　而此书成时，

　　慰华已冥（瞑）目于地下三年矣！

　　　　　　　　　　　　　　　——农。[2]

其二为：

敬将此书，

　　在圣之前祈祷：

　　赐福于

　　　我永远爱着的贞姐及其爱人与幼子！

　　　我恳切地，忍受地希望来生……！

　　　　　　　　　——农，于甄古别村茅舍。[3]

小说在结尾处写道："我想着我的母亲，我想着我的新妇，我想着我

---

①　关慰华是尚钺在开封上学时开封青年学会早期12个成员之一。
②　克农（尚钺）：《缺陷的生命》，上海：启智书局，1929年，题记第1页。
③　克农（尚钺）：《缺陷的生命》，上海：启智书局，1929年，题记第2页。

的贞姐，我的义哥，我的靖武……"① 然后用一首长长的新诗结束。这是一首具有新月派风格的爱情长诗，能与徐志摩的诗作《我等候你》媲美。

小说落款是"十六年一月四日脱稿于孤寂的阴昏的冷湿的甄古别村茅舍"。

作者在书末有一段《关于本书》的说明："这本东西，本来是叫作《贞姐》（见《狂飚》第五期），是我从十五年七月一日开始写起的，本来是预备一气写成，而写到第八段上，因为种种原因使我想将它发表，于是我就将它结束住成一短篇发表了。这就是八段《贞姐》的产生的原因。可是《贞姐》发表后我又想写，于是又写成这五十四段较长的一篇——《缺陷的生命》。"②

通过以上这些内容，我们或许可以更好地理解作者写作该小说的用意和目的。

1930年9月，尚钺的中篇小说集《巨盗》由南京书店出版发行。该书共收入尚钺中篇小说3篇：《伏法的巨盗》《学潮》《被践踏蹂躏下来的人们》。

《伏法的巨盗》创作完成于1929年11月6日。小说具有十分强烈的感染力。主人公李根上有母亲，下有妻儿，生活十分艰辛，一家人已经三天没有饭吃了，孩子饿得哭着叫着，女人在绝望的啜泣中呻吟着，70多岁的老母亲逼着他让他想法子。饥饿让一家人濒临死亡的困境。为了不让家人饿死，饥饿的母亲忍无可忍地指教着饥饿的儿子"到街上去抢"，并说："官司我替你打，打骂我替你挨！"李根终于下定决心走到

---

① 克农（尚钺）：《缺陷的生命》，上海：启智书局，1929年，第217页。
② 克农（尚钺）：《缺陷的生命》，上海：启智书局，1929年，第222页。

大街上，在储藏室未能得逞，到了夜里李根实在饿得不行了，就在食品店抢点心往嘴里填，遭到众人的拖打叫骂，结果被警察抓住，送到了一个囚笼里钉上了脚链手铐。在囚笼里，李根终于吃上了一碗苍黄的糙米饭，随后便是开庭、提审，通过刑讯逼供，终于把他定为"巨盗"。在重刑之下，李根疼痛难忍，承认偷了四家美食店的大单，还是兴存银行被盗案的主犯。他印了指印后，便被架到留置所去了。在留置所羁押了5天，李根便被认定为要犯，由大兵押着送到了监狱。在监狱中，囚犯们感到李根冤屈而可怜他。经过多次提审开庭，狱卒把他打得像死狗一样，他凄惨地喊道："我不想活了。"最终，被折磨得将死的李根被判为抢劫的巨盗而伏了国法。

小说情节虽简单，但他母亲的骂，孩子的哭，女人绝望的啜泣反复出现，李根受刑时凄惨的叫声刺扎着读者的心。"巨盗伏法"让人感到震惊、震撼！

《学潮》写于1930年4月25日。在小说中，某高校学生提出几个问题：一是自修室里添电灯，二是撤换教博物的李先生，三是撤换训育部。学校获悉后，没有同意，校长召集教员开会，让大家各抒己见；学生请教员签名，教员各怀鬼胎。校长知道后，又召集部分教员在家里的客厅开会，讨论如何惩治学生，不让他们闹学潮。在校长的暗中撺掇下，警察趁夜到校抓走带头想闹事的78个学生。学生自发冲出校外，遭到警察的镇压。这时，校长召开全校师生大会，说他如何如何为学生求情，希望学生们理解和同情。学生们信以为真，不再闹了。不久，被逮捕的学生也陆续回来了。实际上，抓捕学生是校长与警察唱的双簧戏。小说反映出教职员的不同心态、校长的阴险和学生的天真无辜。

《被践踏蹂躏下来的人们》写于1930年4月13日。小说写了一家父子四人因团勇－红学会吹集合号没有去人，而遭到欺压的故事，反映出被压迫的穷苦人民屈辱的生活。这一家父子四人，父亲患有咳喘症。一天，老三因为从梯子上掉下来，头碰到铁犁而昏死过去，老大、老二为照护父亲并抢救老三，都没有去集合，因而遭到三少爷和地保李光、李二狗子的上门责难。当夜，他们又让团勇队队长牛头带12个团丁抓这一家子去见老太爷。老人病重，老三还在昏迷中，团丁们看到这一家父子十分可怜，非常同情这一家人，几乎都与队长牛头唱反调。牛头没办法，只好见风使舵，卖了个人情，说是地保李二狗子挑拨所致，并让这家老大第二天去拜见老太爷说明情况。第二天，老大抓了四只通身黄的老母鸡想送给老太爷，到老太爷家时却巧遇大少爷、二少爷，他们让老大滚，说老太爷不愿见他，并限他们父子四人于三天之内搬出茅屋。在二少爷的催逼下，父子四人在雪夜里被强行搬到了破庙里。父子四人备受欺凌，却无力反抗，更无处申冤，就这样屈辱地活着。"大雪纷纷十八朝，老天架下杀人刀。"老百姓没有活路！

尚钺的小说创作日趋成熟，其艺术感染力和作品的思想性融为一体，浑然天成。

中篇小说《胜利品》分三次刊发于1930年10月10日、25日及11月10日《东方杂志》第27卷第19、20、21号（期），共3万字，署名依克。这篇小说叙述了李三在和一家人逃荒的路上被拉去当兵，又糊里糊涂地参加了一场攻城之战。对方设了个空城计，很快，李三参加的攻城部队就被击败，李三成了俘虏。被俘后的李三被捆绑起来，成了对方的胜利品。对方非说李三是败军的李团长，尽管李三百般解释，却没人相信他的话，大家都认为他是团长。就这样，李三被糊里糊涂地枪决了。小说通过对李三迷迷糊糊地被拉去当兵、迷迷糊糊地训练、迷迷糊糊地攻城、迷迷糊糊地被俘、迷迷糊糊地被当成团长、迷迷糊糊地被枪毙等一系列状态描写，既反映了战乱对人民生活的影响，又反映出是非不分、颠倒黑白、草菅人命的兵荒马乱的混乱社会。

《狗的问题》与《预谋》

1930年以后，由于地下工作的需要，尚钺的文学创作活动几乎停滞。直到1935年，尚钺又以"子丹"笔名在《文学》杂志第4卷第4期上刊发了一篇小说《狗的问题》。

小说《狗的问题》长达1.3万多字。李教授家养了两条狗，一只叫玳芒，另一只叫彼得儿。彼得儿是他们在上海时一位叫维廉木的美国朋友养的狗，维廉木因在美国家里的孩子生病回了美国，就把狗留下了，委托李教授两口代养。但是，维廉木再也没有回来。李教授和李太太又把它从上海带到北京，而彼得儿有传染病又咳嗽，治疗多次都没治好，他们就打算把它处理了。这是小说的主要脉络。

一天，李教授和李太太吃过饭正在院子里躺椅上休憩，同院的王教授和王太太走了进来。他们都是留洋回国人员。小说便由此展开。

他们开始闲聊，先是王教授讲到要到庐山开教授专门会议，再讲到女人如何侍候男人，又讲到生育、节育和优生优育的问题，提出现在社会农民生的孩子由于得不到教育，也不能养活，从这个层面说，这些孩子没长大就成为乞丐、流氓、土匪和小偷，转而讲到街上的流浪狗。李太太说，中国不是人住的地方，大街小巷都塞满了乞丐和懒狗。李太太拿这种现象跟美国人养狗进行对比，说美国人养的狗都很有威仪，而中国的狗和中国的乞丐一样恶心。王太太列举她在日内瓦看到的朋友家里狗的可爱，从不到邻居家。他们还说到杀狗令、吃狗肉的问题上来。夜色已深，10点多了，王先生和王太太回去了，李教授则拥着李太太睡了……

小说到底表达了什么意思呢？引人诸多联想。这里狗的问题实际上指的是人的生存、生活的问题。

地下工作虽然繁忙、艰辛，尚钺的内心却一直炽燃着文学创作的火焰。1936年夏，尚钺与丁月秋到达宁夏寻找党组织期间，坚持长篇小说《预谋》的创作。这部长篇小说长达32.4万字，历经战乱和世事沧桑的洗礼，尚钺逝世后终于在1984年10月由人民文学出版社出版发行。

小说叙写了一个美国人来到H省行骗并成功脱逃的故事。全书共二十章，无标题，每章一个主要情节，环环相扣，故事推进自然流畅，一气呵成；人物形象鲜明生动，各具特色；有细节描写，有细腻刻画；有环境衬托，有心理剖析。无闲笔无闲人。

小说主要写了两个人物——大美国纽约西满斯公司驻华总经理维廉木·波瑞、H省财政厅厅长庄泽普。既写出了维廉木·波瑞天衣无缝的骗局和沉稳、老练、瞒天过海的娴熟技巧，又写出了财政厅厅长庄泽普的贪婪、奸诈和阿谀逢迎的本领。小说以维廉木·波瑞的来和溜为故事的开头和结尾，一线穿珠，其他的人、事、物、景，都是围绕着他所设定的骗局而展开。小说结构严谨，情节跌宕起伏，人物形象被刻画得淋漓尽致。如大学校长刘爱群博士，为了讨好维廉木·波瑞居然拉上了同学关系，为了掩盖不孝和婆媳不和的家丑，编瞎话向母亲说自己校长的职位丢掉了，实际上是请了一个星期的假，特意安排：如果家里来人

《预谋》封面

就说不能见客。所以来客渐少。而母亲看到来找儿子的人少了，不像以前那样门庭若市，便信以为真，担心儿子开销大，就又回到乡下老家去了。大故事里套着小故事。另外，描写细腻也是小说的一大特色。如大陆饭店建筑风格的描写，关于翻译李约翰经历和学习情况的介绍，财政厅厅长庄泽普的外貌描写，以及 H 省各位要员初见维廉木·波瑞的心理描写和维廉木·波瑞失踪后各位太太的心理活动，无不细致入微。

这是一部揭露民国时期官场的长篇小说，更是一部优秀的现实主义力作。其艺术手法十分精湛、娴熟、老辣、独特。整部小说讲述了一个洋人到中原 H 省①猖獗行骗、与该省官场从上（省长、财政厅厅长）到下（秘书、仆人等）数十人周旋往来、最终骗取巨财得逞而逃的故事，对国民党官僚群体的利欲熏心、崇洋媚外、愚蠢无知、昏庸无能的丑陋面目进行了尖锐的讽刺和幽默的嘲弄，堪称一幅"群丑图"。该小说有鲁迅文风之妙，情节跌宕回环，文笔细腻，诙谐华彩，又有曹雪芹《红

① 估计就是作者的家乡河南省了。

楼梦》对于人、事、物，以及场景的细致描摹的神韵，其风格既汪洋恣肆、犀利泼辣、雄浑厚重，又细致入微、恰到好处。

尚钺的文学作品总量有100多万字，对于以历史学家著称于世的尚钺来说，他的文学创作足以与他的历史著作媲美。可以这样说，尚钺的文学作品与他的历史著作相得益彰，称得上"文史双璧"，或曰文学与史学俱美。

继续求索

从宁夏出来后，尚钺一路南下。

尚钺和丁月秋带着莉莉回到罗山不久，已经怀孕5个月的丁月秋和莉莉一起先到了武汉。在武汉，丁月秋找到同乡朱静涛。此时，朱静涛已经在国民党中央训练团与军事干部训练团任职，他介绍丁月秋到国民党军政部军医署52后方医院工作，职务为"少尉司药"。丁月秋看到报纸上载有国民政府军事委员会政治部第三厅（以下简称第三厅）厅长是郭沫若，就立即去信让尚钺到武汉找郭沫若。尚钺来到武汉找到郭沫若，当时第三厅刚成立，一切才刚刚开始，工作还正在筹备之中，郭沫若就给尚钺先安排了一个"少校服务员"的职位，具体做什么，要等到6月1日上班才能确定。等到1938年6月中旬，武汉局势吃紧，丁月秋通过朱静涛的关系，以朱静涛表姐的名义带着女儿莉莉，随着国民党中央战时工作训练团机关团的家属疏散到四川万县（现万州区）。1938年7月16日夜，尚钺的女儿尚嘉兰出生。武汉失守前，尚钺把第二个儿子尚嘉琦从罗山接到了武汉。1938年10月25日，第三厅要从武汉撤离之前，尚钺托人把尚嘉琦送到了四川万县丁月秋身边。尚钺则随郭沫若等人保护着文物由旱路到了长沙，然后又转到湖南桃源。

据尚嘉兰回忆说："听父亲说，武汉后曾去长沙，长沙大火时，他与郭沫若、田汉三人逃出，途中路过无人乡村，饿极了，三人烧吃了农家食物，把钱留在了锅台上。后来去重庆，在三厅任职。皖南事变后，国民党加紧迫害进步人士，政治部副主任周恩来安排进步人士到国统区占领讲台，我父即带我母丁月秋和我到昆明。"[①]

从1938年10月到1941年皖南事变，这几年间，尚钺一家颠沛流离分多聚少。当第三厅到达重庆后，丁月秋带着三个孩子也到了重庆。为了生活，尚嘉琦和莉莉参加了"孩子剧团"。之后，丁月秋被安排到"孩子剧团"任生活助理员。这时，尚钺则由"少校"晋升为"中校"。

在这段人生历程中，尚钺经历了喧闹的声响、骚动不安的阴影、丑态百出的形状，痛苦、恐怖、欢笑……其中有友善的目光，也有狡黠的、诡异的眼神，更多的是他内部的精力在聚积，巨大无比的，甚至于是不知不觉的。而尚钺则始终高擎着火炬，执着地追求着他心灵中的圣洁之缘！

---

① 魏若华：《尚钺有关史实的若干通信（连载三）·尚嘉兰致魏若华》，《银川党史》1997年第3期。

第十二章　抗日军兴赴昆明

转学历史

从北京到宁夏，从宁夏到武汉，再到重庆。从1936年到1941年，五年时间，尚钺和丁月秋辗转大半个中国。在抗日战争如火如荼的年代，尚钺倾其所能为革命播撒火种，执着而坚定地寻找党组织，希望与党组织取得联系，在党的领导下开展工作。到第三厅工作后，尚钺倍感温暖。他想发挥所长写文章宣传共产党抗日思想，但在当时，国民党对于共产党的宣传工作极力阻挠、打压、破坏，言论不让宣传，文章不让发表，绘画等艺术形式也严加控制，甚至采取没收、销毁的手段。在这种特殊形势下，根据上级指示精神，在第三厅三处图书资料室工作的尚钺便接到了新任务。

尚钺回忆说："1938年底，有一天科长杜国庠同志找我谈话，他说因为形势的需要，准备挑选一批有一定马列主义基础的，搞过实际工作的同志从事专门的理论研究，到大学去讲课，以备将来公开地出来在讲堂上和国民党进行斗争。他希望我攻历史，问我意见如何。我知道杜国庠同志从八路军办事处的讨论会上带来了总理的指示精神，这是党对我们的希望，同时我也实事求是地提出了我感到吃力，我不是学历史出身。杜老语重心长地分析了我的有利条件……

"历史并不可怕，只要我们用马列主义的观点理论联系实际去解释中国历史，研究中国历史，就能有所成就。困难会有的，可历史都有书，马列主义也有书，会看书会查资料又有什么不能克服的困难呢？"①

尚钺在一开始学习时就遇到了拦路虎，他发现有很多字不认识，于是他就立志学古文字学，并虚心求教，向郭沫若借书看，郭沫若对他也非常支持。就这样，尚钺开始迈向历史学习与研究的领域。

1941年皖南事变后，按照党的指示，尚钺带着丁月秋和女儿尚嘉兰离开重庆回昆明省亲，尚嘉琦和莉莉仍然留在重庆的孩子剧团。

1941年3月21日，尚钺一家三口到了昆明。之前，由冯乃超介绍，让尚钺和丁月秋到昆明后去生活书店，到读书出版社做事。但是，等他们找到生活书店与读书出版社时，才发现这两个地方已被贴上封条，不再营业了。幸好丁月秋是土生土长的昆明人，在昆明亲戚朋友多，对于性格外向的丁月秋来说，在昆明找一份工作还是容易的事。但由于兵荒马乱，人心惶惶，百业不兴，丁月秋也只好带着尚钺和女儿尚嘉兰四处投亲靠友。最终，丁月秋被介绍到叙昆铁路子弟小学任职。不久，尚钺被介绍到云瑞中学当国文教员，并被聘为教导主任。后来，因为云南大学附中创办高级女生班，丁月秋又到了云南大学附中工作。1942年由楚图南介绍，尚钺也到云南大学任专职教师，仍用尚健庵名。1943年，正在昆明看病的华岗奉指示准备在昆明开展工作。

---

① 《尚钺先生》，第15页。

从毓文中学到满洲省委到重庆，再到昆明，尚钺、楚图南、华岗，他们终于又走到了一起。

华岗在昆明

华岗时任《新华日报》总编辑，兼《群众》周刊主编，是中共中央南方局宣传部部长。根据上级指派，华岗到昆明做统战工作。昆明当时既有国立云南大学，又有西南联大，知识分子比较集中，除了少数先进分子外，大多数人对马克思主义、共产党了解不多，大家出于爱国的情感，要求进步、团结抗日。华岗到云南开展统战工作，是共产党团结一切力量积极抗战的工作需要。

1943年6月，华岗受命在昆明开始工作。时任云南大学文史系教授兼主任的楚图南，就向云南大学校长熊庆来推荐了华岗。华岗到云南大学后，在文史系担任历史文献课。据费孝通的《政治上的启蒙》一文介绍："吴晗同志有一次很郑重地把一个名字交给我，要我把他安置在云大社会学系。我明白这位先生一定有来路，但是我问也不问，就照办了。这位先生就是华岗同志。"① 这样，华岗在社会学系也有了职位。为了更好地开展工作，尚钺就给华岗取了个化名"林石父"，又名"林少侯"。

尚钺在云南大学讲中国历代文献、中国通史和文学批评，可是讲历史课对他来说是"半路出家"，也着实吃力。为了攻克难关，在云瑞中学时，尚钺白天教书，晚上读书。他的攻读计划：一是从恩格斯对马克思的评论中选出马克思用唯物史观从一定经济状况出发，来说明一定时

---

① 费孝通：《政治上的启蒙》，《群言》1900年第12期。

期的历史著作；二是跟随唐兰学习甲骨文，目的是解决阅读古文献时遇到的问题和困难；三是阅读史书、古籍和各种观点的历史学类书籍，以及考古方面的书籍。所以，当华岗到云南大学任教时，尚钺就主动将历史文献课交出去，让华岗这位历史专家来任教。

为了在高校开展统战工作，华岗与周新民商量决定组织西南文化研究会，以讨论政治为主题，通过讨论帮助党外教授、学者认清形势，提高觉悟。1943年12月，西南文化研究会成立了。成员有云南大学的华岗、周新民、楚图南、潘大逵、尚钺等，西南联大的罗隆基、潘光旦、曾昭抡、闻一多、闻家驷等，还有吴晗、费孝通、辛志超、冯素陶等，总共十多人，每两周聚会一次，以轮流做学术和政治报告的方式进行。主要在唐家花园活动，有时租一条船去滇池，一边漫游一边开展活动。西南文化研究会的学习讨论每次都有议题，中心发言人都有充分的准备。其活动既是政治性的，也是学术性的，从这个意义上说，挂"文化研究"的牌子也是名副其实的。

接续重任

据华岗夫人谈滨若在《尚钺同志在重庆、昆明》一文介绍，在昆明时，"尚老等同志与老华经常在一起商讨工作，研究如何支持进步势力，争取中间；如何办好民主刊物、发表有分量的文章等等。尚老总是以革命事业为重，工作态度谦和，从不固执己见"[①]。

1945年8月15日，日本宣布投降。蒋介石借派龙云部队由卢汉带领

---

① 《尚钺先生》，第103页。

去越南接受日军投降之际，暗中派国民党嫡系杜聿明部队向昆明城内集结。华岗曾多次劝告龙云（时任云南省主席）要对蒋介石提高警惕，龙云还是没有做好充分的防范。1945年9月30日，杜聿明部署就绪，于凌晨用了50分钟时间占领有利据点。1945年10月3日，国民党政府在昆明宣布蒋介石命令，免去龙云一切职务，云南省主席由远在越南的卢汉接任。卢汉未返回之前，暂由民政厅长李宗黄代理省主席，并成立了以关麟徵为总司令的云南警备司令部，建立了控制云南的党政军体系。10月6日，龙云被迫飞往重庆。

就在全城戒严，特务满街，便衣乱窜，抓人搜查，杀气腾腾的紧要关头，"突然，尚老冒着极大风险化妆来到我家。"谈滨若回忆说，"他早已将个人的安危置之度外，首先考虑的是周恩来派来负责统战工作的老华的安全。进门后，他简单地介绍了外面发生的情况，并提出要老华马上离开昆明。""第二天尚老根据党组织的意见，送来了去重庆的汽车票，传达说：'为了党的事业，你必须立即离开。我留下来晚几天再走，这儿有许多社会关系可以掩护我。'次日他将老华送走，自己默默地承担起许多艰难的工作。"[1] 这里，尚钺所说的有"许多社会关系"，除了其夫人丁月秋是昆明本地人，有许多亲戚朋友之外，还有一个重要的关系便是曹秀清。1926年春季，丁月秋在陕西榆林女师教书时，曹秀清是她的学生。丁月秋当年27岁，曹秀清24岁，她们关系处得很好，是师生，也是姐妹。而曹秀清正是杜聿明的妻子。有了这层特殊的关系，尚钺开展工作也就有了一定的方便之处。

---

① 《尚钺先生》，第103、104页。

　　华岗离开昆明之后，云南的统战工作就由尚钺来接替了。在这一艰巨的任务面前，尚钺没有丝毫的畏惧，他勇敢地挑起了重担。

第十三章　指导青年巧战斗

指导青年

尚钺在云南大学任教时，还做思想宣传和统战工作，并指导青年学生开展一些活动。

尚钺的学生李艺群在《良师·战士·同志——忆尚钺教授》一文中详细记录了尚钺对青年人的教导和指引。

在李艺群的印象中，尚钺高大、壮实，穿着蓝布长衫，口里常含着一烟斗，面带笑容，讲一口略带沙哑的东北口音。"那是1943年，我第一次在课堂上认识尚钺先生，在映秋院的一间狭小的教室里，他讲授文学评论课。这门课在文史系选修的学生也只有二、三年级的六七个同学，大家都以为这门课的内容是比较枯燥的理论性的东西，而尚先生的讲授却很生动，给我印象较深的是第一次听到用马列主义的文学观点来分析一些作品，既有理论又联系实例，因而其它（他）系的同学有时也来旁听。"[①] 尚钺对学生和蔼可亲。有一次，李艺群为了学习中遇到的问

---

① 李艺群：《良师·战士·同志——忆尚钺教授》，载杨知勇主编《云大风云》，昆明：云南大学出版社，1995年，第77页。

题去请教尚钺，当时，他住在西宿舍进门右首的一间单人房内。敲开门后，尚钺就亲切地让他在椅子上坐下，当李艺群说明来意后，尚钺一边抽着烟斗，一边详细地作了解答，还问他有什么不同看法。临走，尚钺把他送到门口，并含笑说："有空就来我处谈谈，不一定是上课遇到的问题，我随时都欢迎。"① 有了老师的话，李艺群便经常来请教尚钺。

李艺群还回忆说，1944年7月7日，是全面抗战7周年纪念日，由西南联大的壁报联合会和云大、中法、英专的学生自治会联合在至公堂举办"时事座谈会"，邀请四所大学的一些教授出席，尚钺也参加了。在会上，云南大学校长熊庆来和闻一多对青年学生的前途问题展开了争论，引起学生们的思考和抉择。针对学生对熊庆来发表的意见，尚钺知道后就和学生们解释："'本来熊校长是一位很受尊重的学者，只是他对当前的时局的看法太天真，他不是做官的料，却又做了官，这是他的悲剧，其实这次会他可以不参加，你看联大的常委，中法的头头都没有来。不过通过这次会，总有一天他会清醒过来的。对人要多加分析，他本质还是好的，不要嫌弃他，要学会尊重和团结人。'"② 尚钺对进步青年总是这样循循善诱地教导。

尚钺在云南大学附中时，就善于发现并团结进步人士。尚钺曾把《黄河大合唱》的作者光未然和著名声乐教育家赵沨介绍到云南大学附中任教。那时，二人生活无着落，正是尚钺推荐了他们。

---

① 李艺群：《良师·战士·同志——忆尚钺教授》，载杨知勇主编《云大风云》，昆明：云南大学出版社，1995年，第78页。

② 李艺群：《良师·战士·同志——忆尚钺教授》，载杨知勇主编《云大风云》，昆明：云南大学出版社，1995年，第78页。

1945年，云南昆明的爱国民主运动走向新的高潮，尚钺就劝告李艺群要"外华内实"，不要"鹤立鸡群"，要生活在群众中，广泛地结交朋友。他还帮助民主青年联盟修改《国是宣言》，并征求楚图南和闻一多等知名教授的意见，使之更加完善。1945年5月，当四所大学的学生自治会联合举行"五四"纪念周活动时，他亲自指导《五四特刊》的编辑工作，并将林石父（即华岗）的文章作为《专论》栏目登载出来。

民主斗争

1946年春天，尚钺和楚图南、闻一多、李何林、吴晗等人前往云南个旧市，打算为个旧修撰县志。据杨绍廷在《一次修志的夭折》中回忆："个旧旅省同乡会理事会接到地方文化协进会的来函后，召开了会议，由理事长高荫棠主持，经过讨论，决定由理事杨绍廷负责联系，提出邀请名单，由同乡会正式发函邀请。被邀请的教授有西南联大闻一多（文学）、李继侗（生物）、张印堂（地理）、冯景兰（地质）、李何林（文学评论）、云南大学教授楚图南（文史）、尚钺（历史）、袁家骅（语言），其他方面的有律师邓太年。邀请发出后得到了他们的大力支持，并出席了旅省同乡会的邀请宴会，决定了动身时间。"[①] 这些人中大多是民盟成员。此时，闻一多已被民盟推举为国民大会代表而未能成行。尚钺等人则于2月4日从昆明出发去了个旧。

南京中国第二历史档案馆藏有一份国民党中央调查局的密报，该密报云："据报：昆明西南联大教授共产分子楚图南、尚健庵、李何林、

① 转引自闻黎明、侯菊坤编《闻一多年谱长编》，武汉：湖北人民出版社，1994年，第981页。

闻一多,民主同盟分子潘大逵、吴晗及昆明妇女联谊会干事、共产分子李某(名不详)[①]等人已于二月四日由昆明搭滇越车经开远、碧色寨、蒙自,到达个旧,表面以修个旧县志为名,在各地以讲演、出壁报、演话剧等方式作各种反宣传,而以个旧为其工作基地。并邀请联大教授张印堂、严蒙华、冯景兰,律师邓太年,个旧旅昆同乡会代表、共产分子杨绍廷(联大学生)等人,准备赴石屏、建水等县视察联大等迁校路线,藉作其他活动云。欧昌同。"[②]欧昌同是国民党特务,虽然报告中有些人的身份、供职单位不准确,但大致反映出这次修县志的事实。遗憾的是,由于时局动荡,个旧县志未能修成。

由于西南文化研究会的成员大多是民盟成员,随着研究会活动的频繁,这些民盟成员在宣传抗战、反对独裁、争取民主的斗争中发挥了举足轻重的作用。

那时,尚钺与闻一多关系密切,在昆明各种类型的集会上都能看到他俩的身影。1944年11月,民盟西南省支部决定成立青年组织,在中共云南省委的支持下,昆明很快便出现了一个叫作"中国民主青年同盟"的组织,尚钺不仅为青年同盟修改章程,而且还和闻一多一起指导编印《民主通讯》。

1945年12月1日,昆明爆发了"反对内战,争取民主"的"一二·一"民主运动,造成4人死亡、29人重伤、30多人轻伤,这就是震惊全国的"一二·一"惨案。在广大师生的共同努力和全国人民的支持下,国民

---

① 即李文宜。

② 转引自闻黎明、侯菊坤编《闻一多年谱长编》,武汉:湖北人民出版社,1994年,第981—982页。

1946年春，尚钺一家在昆明合影

政府罢免了云南省代理主席李宗黄的职务，新任主席卢汉到学校灵堂致祭并与学生代表座谈。中共云南省工委按照"有理、有利、有节"的斗争策略，把握时机，决定结束罢课，动员复课。李艺群在回忆中说："记得在'一二·一'运动后期，关于复课问题引起了一场大辩论，由于从罢课到复课这个弯子转得太快，有的同学一时接受不了，而联大方面有的民青成员，把'民青'组织暴露，这就造成很大的被动。云大罢委会的五个常委，有的躺下不管事，只剩下侯澄和我维持着工作，真是步履维艰。我找到尚先生，他就鼓励我，在最艰难的时候要拿出勇气去战胜困难，现在要细致地进行说服工作，把道理讲清楚，让大家都有个共同的认识，我相信你们会争取得到绝大多数同学的支持的。因而坚定了我的信心，我便和几个同学分头进行说服工作，最后在召开系级代表会议时，侯澄和我在会上作了一次诚恳的检讨，说明我们在工作中存在着简单和草率，同时也把为什么要复课的理由讲了，这不是运动的结束，我们停灵复课，仍然争取达到目的。这次会议得到同学们的一致支持。"①

　　1946年3月17日，昆明各界3万余人举行"一二·一"四烈士出殡大游行，尚钺和闻一多一起走在游行队伍的前列。"一二·一"爱国民主运动把国民党统治区的民主运动推向了高潮。

---

　　① 李艺群：《良师·战士·同志——忆尚钺教授》，载杨知勇主编《云大风云》，昆明：云南大学出版社，1995年，第81—82页。

第十四章　不畏生死冲在前

李闻惨案

李公朴（1902—1946），江苏武进人，曾留学美国俄勒冈州雷德大学，回国后与邹韬奋、胡愈之创办《生活时报》《读书生活》等，积极从事抗战工作。他偕夫人张曼筠到延安，毛泽东、周恩来看望，并对他的工作表示鼓励和支持。1940年11月，沈钧儒邀他到重庆筹备中国民主同盟会。1941年皖南事变后，为了他的安全，周恩来资助路费让他到云南昆明、缅甸。1946年1月，他与陶行知共办社会大学，并任副校长兼教务长。回到云南的李公朴，曾半公开组织招待会，以揭露蒋介石假民主真内战阴谋。李公朴等人受到严密监视。

1946年2月10日，国民党特务在重庆较场口制造了"较场口血案"，郭沫若、马寅初、李公朴等各界人士60余人被打伤。1946年5月，李公朴从重庆回到云南昆明。1946年6月底，民盟和各界人士在昆明发起了万人签名运动，要求民主与和平、反对内战。

1946年7月11日，李公朴布置完会议的会场后，在回家的路上遭到国民党特务的枪袭。由于失血过多，7月12日凌晨，李公朴停止了呼吸。

尚钺回忆说："1946年7月11日联大最后一批学生离开昆明，当天晚上有人冒雨赶来告诉我，李公朴于晚10点在看电影回家的路上被枪杀了。

"第二天清晨，一多先生和我，还有楚图南一同到医院去看望。一多先生抚摸着公朴的遗体高喊：'公朴，你没有死！'大家都痛哭起来。"①

1946年7月15日上午，李公朴治丧委员会在云南大学的至公堂举行李公朴先生追悼会，闻一多第一个发言，当时会场上发出骚乱声。闻一多已经把生死置之度外，他高声演讲道："今天，这里有没有特务，站出来！我们不怕死，有牺牲精神，我随时像李先生一样，前脚跨出大门，后脚就不准备再跨进大门！"②下午，闻一多与楚图南到民主周刊社举行记者招待会。会后，闻一多走在回宿舍的路上时，藏在附近的特务躲在人群的后面大声喊："闻先生，闻先生。"闻一多一回头，特务们就举起手枪射向了他！惨无人道的特务连闻一多的儿子闻立鹤也不放过。光天化日之下，这突如其来的枪杀，把路过的人都吓跑了，闻一多当场倒地身亡，儿子闻立鹤亦身中数枪昏死在父亲的身上。

痛失益友闻一多

尚钺回忆说："那天下午晚饭后，我赶到云大门口，只见特务密布，有个学生打开一扇门，拉我进去哭着说：'五点多钟闻先生被刺了！'

---

① 《尚钺先生》，第20页。

② 《尚钺先生》，第20—21页。

这'被刺'二字有如晴天一声霹雳，可我来不及多问，他拉着我就飞跑上了90多阶阶梯的高坡，直奔云大医院。我赶到医院时，闻先生的遗体还停放在院子里，闻夫人悲痛欲绝。当时没有人出面办理手续。我当即表示，由我负完全责任，医院就把先生遗体安放好。闻夫人也因此心脏病复发，我们又帮助办理好她住院的手续，医生们忙着抢救受伤的闻立鹤。天黑之后，我正要离开医院，有个家伙问我：'你姓什么？'我没理他。许多同学把我围在中间，我在同学们的围护之下走出云大后门。"①

听到闻一多被刺的消息，丁月秋约了几个老师和学生一起到云大医院去看个究竟。当时，闻一多的尸体停放在云大医院内草坪一张血淋淋的担架上，四周除了医院的一个事务人员外，就是站在旁边的尚钺和几个学生，另外是一大群特务。丁月秋跑到近前问尚钺："老尚，闻先生怎么了？"尚钺沉重地说："他死了！"这时，有特务过来问丁月秋："你是他什么人？"丁月秋眼含着热泪愤恨地说："我是他的学生！"特务哼了一声没有说什么。天渐渐暗了下来，丁月秋、尚钺就和医院的人商量把闻一多的尸体找个地方停放，不能让老师的尸骨露天过夜。最后和医院负责人协商，把医院女停尸房用上，就这样，几个学生和尚钺把闻一多的尸体运到了停尸房中。

人类所有的语言，所有的智慧，和现实的狰狞恐怖相比，只不过是木偶的把戏，显得那么苍白无力！在这白色恐怖之下，正义在发酵，暴力必将在正义的酵素之中迅速地爆裂、腐烂！

---

① 《尚钺先生》，第21页。

1946年7月16日，西南联大常务委员、清华大学校长梅贻琦聘请教务长黄钰生（子坚）、总务长沈履（莆斋）、训导长查良钊（勉仲）、历史系主任雷海宗（伯伦）、哲学系贺麟（自昭）等教授组成西南联大闻一多教授丧葬抚恤委员会，于7月16日、17日、18日和23日召开四次会议，安排治丧有关具体事宜，于7月18日发表《闻一多追悼会布告》。

闻一多追悼大会于1946年7月24日下午3时在大西门内青云街昆中北院大教室举行。

尚钺却未能参加闻一多治丧过程和追悼会。当时白色恐怖到了极致，尚钺的处境也十分危险。尚钺等多人被秘密护送到美国领事馆隐蔽起来。在美国领事馆里，大家一方面向民盟中央汇报了李闻惨案的经过，同时又借用美国电台向全世界发出电报，揭露国民党的血腥暴行。这时，党中央也已经在全国范围内掀起大规模的抗议国民党杀害李公朴、闻一多法西斯暴行的运动。迫于形势，1946年7月28日，国民党云南省省长卢汉来到美国领事馆表示确保大家的安全，并于七月底八月上旬分批用飞机把尚钺他们送到上海转回北平。①

尚钺永远不会忘记闻一多惨死的场景，更不会忘记他们之间的战斗情谊。1946年上半年，西南联大将要复校迁回北平。快要分手时，尚钺的心情十分沉重，就要求闻一多留点纪念品。正好尚钺有块鸡血石，就

---

① 参见尚钺：《一块鸡血石　两个热胸脯》，载中国人民政治协商会议北京市委员会文史资料研究委员会编《文史资料选编》（第4辑），北京：北京出版社，1979年，第171—172页。据尚钺回忆说，美国领事馆接他们过去后，想让他们在中国组成一个新的势力，既反对国民党，又反对共产党，美国支持他们。结果被他们严词拒绝。

闻一多篆刻"尚钺"

让闻一多帮忙刻枚印章留作纪念。闻一多精心篆刻上"尚钺"两字，还刻了边款："卅五年四月时与健庵兄同客昆明　一多。"没想到时隔不久，闻一多就惨遭杀害，这块鸡血石印章伴随了尚钺一生，这块鸡血石印章也是他们之间珍贵又难以磨灭的友谊的印证。

第十五章　辗转上海喜会师

飞抵上海

1946年8月8日，尚钺、楚图南、张奚若、赵沨等人同机飞抵上海。

据赵沨回忆说："我们知道同机有人跟踪，便一同乘车到法国公园旁的中华职业教育社，在那里住了下来，先向沈钧儒先生和先期到沪的吴晗先生汇报了在昆明所发生的一切。几天之后，沈先生在一家餐馆为我们压惊，席间见到了从南京办事处赶来的华岗同志。当时商议：张奚若夫妇公开回北平，楚图南留在上海，尚钺和我都想去解放区，一时定不下来，也暂留上海。

"我们住在中华职业教育社二楼一间很大的空房子里，从窗口看出去，楼下大街上，总有两个人在我们住所门前走来走去，还不停地向我们楼里张望，我们意识到这是盯梢的。张奚若、楚图南已经走了，房间里就剩下我和尚钺。我们去向未定，正在等待组织的决定。这时，中华职业教育社的一位同志告诉我们：'据可靠消息，今天晚上，上海要进行全市大搜查（查户口）。没有上海户口的人会很麻烦。你们得想办法躲一躲。'我们听了以后，决定分头行动，尚钺去投奔他的一个朋友①，我去找读书生活出版社的另一个朋友，他住在南京路上的一个里弄里。"②

《黄炎培日记》（第9卷）载："（1946年8月9日）民盟同志楚图南（滇支部主席，云大教授）、尚健庵（钺，云大教授）、赵沨（支部秘书），自昆飞到，述李、闻案经过及事后甚详。招君劢、伯钧及吴晗、叶笃义来，共谈，共午餐。"③

也就是说，尚钺、楚图南和赵沨等人一到上海就把昆明发生的两起惨案的详细情况告诉了黄炎培、张君劢、沈钧儒等人，这些亲历者的叙述，是真实的、可信的。李闻惨案在全国、在上海、在国共两党及两党以外的各界人士中引起了强烈反响。各地纷纷举行悼念活动，谴责国民党法西斯暴行，呼吁民主和平，要求严惩凶手。

1946年8月25日，上海文化界郭沫若、茅盾、田汉、许广平、胡风等40余人举行会餐，为周扬北返钱行。刚从昆明到达上海的吴晗、尚钺、楚图南等也被邀请参加，并讲话。他们介绍了昆明的情况和李公朴、闻一多遭暗杀的情况。

1946年10月4日，上海各界在天蟾舞台举行追悼大会，民建常务理事黄炎培、章乃器被推为主席团成员。黄、章二人还在《文汇报》上发表追悼李、闻的诗作，赞颂他们的革命精神，对国民党特务的暴行表达

① 这个朋友就是华岗，他1946年5月任中共上海工作委员会书记，1947年3月，国共和谈破裂后，撤离上海到延安。

② 赵沨：《上海遇险》，载《赵沨全集》编辑委员会编《赵沨全集》（第6卷），北京：中央音乐学院出版社，2016年，第114页。

③ 黄炎培著、中国社会科学院近代史研究所整理：《黄炎培日记》（第9卷），北京：华文出版社，2008年，第184页。

了愤慨之情。10月6日,上海各界在静安寺集会,公祭李、闻两位先生,重庆《新华日报》经理熊瑾玎宣读祭文,民建由黄炎培、章伯钧等代表致祭。各界代表千余人参加祭奠。

楚图南在《回忆尚钺同志》一文中说:"在上海,我们都和在马思南路的中共办事处取得联系,做过一些工作,例如在上海争取到公开召开李公朴及闻一多追悼会。在会上除了揭露了国民党反动派的嘴脸,国共谈判破裂,中共马思南路办事处撤离后,尚钺同志经山东到了解放区,在河北正定华北大学任教。我也几经辗转到了河北平山县解放区的党中央所在地,一九四九年我们到了北平,迎接了中华人民共和国的诞生。"[①]

到达解放区

据毛佩琦的《尚钺年表》记载,尚钺于1946年年底,"经海道北上,到达山东解放区"[②]。1947年任解放区山东大学教授,1948年转赴华北解放区,任华北大学二部史地系主任、教授。

上海《人人周报》在1947年第1卷第9期刊载了一篇署名"天行"的文章《尚钺》。文章如下:

中国早年有个团体叫做(作)"狂飚社",是高长虹向培良高沐鸿高歌等组织的,出过多期刊物和多种丛书,(近日成都也有《狂

---

① 楚图南:《回忆尚钺同志》,载《楚图南文集》(第2卷),昆明:云南教育出版社,1999年,第654页。

② 《尚钺先生》,第320页。

飚月刊》，是华西大学教授姜蕴刚主办，姜为青年党员，与从前所出的并不联系。）沪上泰东和光华两书局是他们活动的大本营，其中有一位叫尚钺，是他们队伍中的健将。

尚钺原名尚健庵，专写小说，出身北京大学，听说和本刊主编万梅子先生是同学，他在五四时代，便露了面，当时《语丝》和《莽原》中，很多他的文章。鲁迅曾称赞他的小说朴实无华，描写乡村生活最称擅长。是的，尚先生的笔底下都是灰色的人物，像他所作的《斧背》《被压榨出来的声音》等，我们一看书名！就可知道他的内容如何了。

我和尚先生也有一面之缘，当时就觉得他的姓在社会里少见。据我所知，只有一位和吴三桂一同叛清的尚可喜，还有一位则是驰名梨园的尚小云。

尚钺身躯相当高大，脸儿长长，有些像戏剧家的田汉，常常穿黑色的布袍，非常臃肿似地（的），说起话来，老是带着"这个这个"的声音。

近十年中，尚先生一直在昆明云南大学做着文史系的教授，想因生活安定，好久没有作品发表了。

听说他去岁已到了北平，我期待着他有什么新作出现。[1]

虽是"听说他去岁已到了北平"，但这与毛佩琦所编《尚钺年表》中的时间是相吻合的。另外，1946年12月18日《东北日报》刊载了一

---

① 天行：《尚钺》，《人人周报》1947年第1卷第9期。

条消息亦可加以印证。

名教授尚钺到山东解放区

【新华社华中十五日电】云南大学文学院名教授尚钺先生，于上月十四日抵达山东解放区。尚教授从事教育廿余年，抗战初在国民党军委会政治部第三厅与郭沫若氏从事抗战宣传，在云大执教时参与民主运动，李闻惨案后被迫离滇。①

1948年2月6日，《东北日报》发表《名教授尚钺盛赞解放区》的通讯，该通讯说："名教授尚钺氏由蒋区来解放区后，现正在山东解放区潜心研究，从事写作殷周时代社会性质约八万字之著作。尚氏在与记者谈话中，曾尖锐对比蒋区教授与解放区教授之生活情况称：'我离开上海的时候（按为去年上半年），大学教授每月拿廿万元的薪金；解放区的大学教授，如果是一家四口，再加上一匹马，一个勤务，每月实物供给，等于蒋币一百万元到一百五十万元，物价又是这样悬殊，蒋管区大学教授怎么能生活下去呢？'"②

通讯在按语中说："尚氏河南罗山人，今年四十六岁，先从事文学，后研究古代史，曾任云南大学及西南联大等校教授，于去年北平学生反抗美军暴行运动中，因主持正义，竟被蒋匪特务侮辱，尚氏不堪其迫害，愤于蒋管区之黑暗，欣慕解放区之民主空气，遂多方辗转前来我解

① 《名教授尚钺到山东解放区》，《东北日报》1946年12月18日。
② 《名教授尚钺盛赞解放区》，《东北日报》1948年2月6日。

尚钺在解放区

放区。"①

　　在这则通讯中，有一个时间节点，就是尚钺离开上海的时间，作者说"去年上半年"，也即1947年上半年。而在1948年9月11日《新华社电讯稿》有一篇介绍尚钺的电讯稿《民主同盟盟员尚钺先生——华北人民代表介绍之三》，电讯稿介绍说："尚先生是河南罗山县人，曾任云南大学教授，于1943年加入民主同盟，参加领导西南民主运动。在李公朴、闻一多两先生惨遭国民党反动派暗杀后，被迫于1946年底来解放区。先在山东大学任教，后转入北方大学研究室工作，现在任华北大学教授。"②该电讯稿应该是没有虚写的成分，这里说到尚钺"被迫于1946年底来解放区"，即尚钺离开上海到了解放区，先在山东大学任教，后转入北方大学研究室工作。当北方大学和华北联合大学合并成立华北大学时，尚钺又成为华北大学教授。1949年10月中华人民共

①　《名教授尚钺盛赞解放区》，《东北日报》1948年2月6日。
②　《新华社电讯稿》1948年第90期。

和国成立后，中央人民政府政务院决定成立中国人民大学，创建我国第一所以社会科学为主的新型综合型大学，尚钺便成了中国人民大学教授，从此执教一生。

据《华北人民政府统战理论与实践》一书介绍，华北临时人民代表大会推选出董必武、聂荣臻、彭真、滕代远、成仿吾、李何林、尚钺等33人组成了大会主席团。[①]

由以上各种资料，我们可以看出尚钺已经于1946年年底、1947年年初到达华北地区，不仅仅在大学教书，还积极参加政治活动，并且成为华北临时人民代表大会代表、主席团成员。

---

① 参见河北省社会主义学院编著：《华北人民政府统战理论与实践》，石家庄：河北人民出版社，2018年，第93页。

第十六章 当年笑貌仍依然

新的生活

尚钺辗转北上，也结束了他的第二次婚姻。

尚钺离开昆明后，丁月秋于1946年10月20日被迫带着孩子搬离云南大学，也就是在这不久，尚钺来信，告诉她自己已经到达山东革命解放区，由于住址不固定，没有留下通信地址。为了生活，丁月秋重操旧业，抬出缝衣机，做衣服添补生活。1947年年初，经介绍丁月秋到私立建设中学担任女生指导员。1947年10月，昆明各界掀起了"反饥饿反压迫"运动，丁月秋也积极参加，结果被捕入狱。在狱中，丁月秋守口如瓶。1947年11月21日，丁月秋由妹妹丁素秋等亲友具保出狱治病。丁月秋出狱不久，国民党当局在《中央日报》上刊登出一条消息，说丁月秋等人主动承认错误，宽大释放。

此后，丁月秋与尚钺一南一北，一个在国统区，一个在解放区，通信极不方便，渐渐地便失去了联系。这期间，尚钺曾让在澳门的老朋友陈秋帆（钟敬文夫人）转过信件给丁月秋，也让在香港的杨春洲转过。

1949年12月9日，卢汉投诚，云南和平解放。华北大学已于1949

年4月迁入北平，尚钺也到了北平。1950年10月3日，华北大学改组为中国人民大学，尚钺随着成为该校最早的历史系教授。

由于种种原因，丁月秋与尚钺之间，从1936年至1946年再至1949年、1955年，二人十多年的婚姻关系宣告终结。

1948年5月，华北大学组建成立，阮季考入华北大学，从事世界历史的学习与研究。这时，阮季与尚钺相识。几年之后，尚钺开启了第三段婚姻生活。也就是从这时起，尚钺创造了他人生的再次辉煌，他的史学研究渐入佳境，渐渐在中国史学界成为声誉卓著的马克思主义历史学家。

尚钺的史学转向始于1938年年底，杜国庠转达了中央指示，希望有更多的人专门从事理论研究，以备将来在讲堂上与敌人作斗争。

那时，尚钺边教书边学习边研究。中国古代社会究竟是什么样子，各个发展阶段根据什么划分等问题，始终在尚钺的脑际盘桓。通过学习甲骨文，尚钺眼界大开，也开始了对中国史前史的思考。中国神话"女娲补天"表现的是对母亲的崇拜；传说中的伏羲氏是女娲的老伴，说他会养牲口，从这里便可以说明狩猎业已经发展为畜牧业。男人是从事畜牧业的，养猪，养狗，养羊、鸡、鸭，等等。王国维考证说夏后稷是个女酋长，在传说中夏后稷小时候和母亲学种地，也就是说，她不仅是个领导者，还是一位田间劳动者；又如"亩"是土地的度量单位，经考证"亩"就是一个母亲可以耕种的土地；传说中的神农氏也是和母亲学的种庄稼。尚钺通过以上对文献的整理和分析得出了母权制社会确实存在的结论，明确那时已经有了农业和畜牧业生产了。

同样，他通过大禹治水，三过家门而不入，终于制服了水患的故

1950年，尚钺和妻子阮季

事，从禹开始称"王"不称"后"了，便得出结论：只知其母不知其父的时代过去了，对男性的崇拜便由此开始，父权制，父系氏族社会便出现了。

从1938年年底到1941年春，再到1946年8月，尚钺从武汉、重庆到昆明，再到上海，一边从事革命工作，一边研读史学著作，同时在中学、大学教书，直到1948年任华北大学历史系教授，尚钺经历了严酷的抗日战争、解放战争，逐步成长为一名历史学专业的大学教授，其"苦作舟"的研究学习生活是无人能够体会的。他半路出家，终修成正果的艰难之路亦可想而知。

潜心钻研

1948年，尚钺被调到华北大学二部，担任史地系主任，国文系主任是李何林，吴玉章是校长，范文澜、成仿吾是副校长。

据1949年4月考入华北大学二部国文系的梁福义回忆说，他在国文系学了几个月后，转到史地系，尚钺是系主任，马骏是助理员。二部的教学方式以学员自学为主，教师进行专题讲授，引导学员思考，学员围绕专题讲授自学教材。当时史地系学员使用的教材有吴玉章的《中国历史教程绪论》、范文澜的《中国通史简编》、胡华的《中国新民主主义革命史》、刘大年的《美国侵华史》等。在自学的基础上，围绕着教师留下的作业准备发言提纲，组织课堂讨论，通过课堂讨论进行商榷、争鸣。

梁福义回忆说："在铁狮子胡同一号大院，尚钺老师和我们同住在一幢楼的二层。他教学、研究工作很辛苦，在全大院里天天最晚熄灯，往往我们睡了一觉，他屋里的灯光还照到我们的寝室里面。有位同学曾即兴写打油诗一首：'屋里传来光，发自尚师房，睁眼望灯影，闭眼思课堂。'有时同学们要替尚钺老师打水打饭，他绝对不让我们代劳。"①

在华北大学，"尚钺住的是三间朝北的大房子，东头两间放的全是书，西头一间靠窗的一面放了一张三屉桌、一张木质靠背椅，紧靠西墙是一张硬板床，两条布被子叠得整齐，床上铺的是篮白相间的土布床单。地下放着一个马扎，他出外开会、看演出或参加同学们的讨论会，经常带着它"②。

尚钺生活十分简朴，但在学问及教学上却精益求精，勇于开辟新路。他教中国历史，使用的教材是范文澜的《中国通史简编》，课堂上主要讲的是范文澜的学术观点，并告诉学生一定要以范老的观点为准。而他在和学生交流讨论中，作为学术争鸣则提出自己的主张。如在中国

----

① 梁福义：《回忆华大生活 怀念尚钺老师》，载中国人民大学高等教育研究室校史编写组编《血与火的洗礼——从陕北公学到华北大学回忆录》（第二卷），中国人民大学印刷厂印刷，1997年，第331页。

② 梁福义：《回忆华大生活 怀念尚钺老师》，载中国人民大学高等教育研究室校史编写组编《血与火的洗礼——从陕北公学到华北大学回忆录》（第二卷），中国人民大学印刷厂印刷，1997年，第331页。

古代史分期问题上，他主张魏晋封建论这一观点。尚钺就这一观点开过一个专题课。

在他看来，西周封建论主要是从直接生产者身份地位的变化来论证西周社会性质的；战国封建论，也研究直接生产者身份地位的变化，主要是从生产工具上进行论证，认为西周和春秋时代的生产工具主要是青铜器，所以说是奴隶社会，到了战国时代铁器已经开始广泛使用于农业，才进入封建社会；汉代封建论，主要从生产关系必须适应生产力的发展水平和性质来论证的。而尚钺的魏晋封建论则另辟新说，他认为，从西周到春秋，中国社会还没有完全脱离原始社会的脐带。当时的基本生产关系是以家长制公社为基础的早期奴隶制关系，从战国到两汉，则是中国奴隶制从发展到没落的阶段，而西汉初期就已产生了封建关系的萌芽，到了魏晋，中国才进入封建社会。

尚钺认为，任何社会经济形态都不可能是单一的、纯粹的。氏族公社和农村公社的残余长期存留于奴隶社会，这就预示着较高一级的社会经济形态的雇佣、租佃制，在封建社会形成之前即已有存在。社会的根本性质，是由整个社会中起着主导、制约作用的那种生产形式决定的。

尚钺的这种关于中国古代史分期的观点，是在认真研读中国历史文献和诸位历史学家著作的基础上，进行梳理、比较而得出的结论。他的理论和标准既从生产力、生产关系、阶级斗争和上层建筑各方面进行全面综合分析研究，又从纵的方面，把上古以降历史朝代联系起来进行考察。

他在华北大学教书时，虽然是史地系主任，但还没有历史学专著。正如他自己说的，"我到云南之后的这八年边教学边研究，为我后来主编《中国历史纲要》等著作奠定了基础"①。所以，他在教学过程中"提到具有不同学术观点的人的时候，亲切地称他们为'范老''郭老''周老'（周谷城）等等，被他称老的人有的和他年龄差不多，可见他是多么虚心学习别人的学术观点，尊敬别人的为人"②。

梁福义回忆说："尚钺老师在讲到自己学术观点的时候，脸颊泛起微红，不好意思的表情像个小学生。他谦虚地说：'我是在向"诸老"学习的基础上提出自己研究的心得，向"诸老"求教。'"③

当华北大学改组为中国人民大学，尚钺这位半路出家的历史系教员，经历了十余年的钻研和探究，在马克思主义历史观指导下，其关于中国历史体系的架构逐步形成，以1954年8月人民出版社出版的《中国历史纲要》为标杆。在此之前，尚钺只是一位历史教员或曰教授，他的文名远远超出他的史名。

如果说幻想是美丽的，那么实现这种幻想就是伟大的。

尚钺在朝着伟大的方向进发！

---

① 《尚钺先生》，第19页。

② 梁福义：《回忆华大生活 怀念尚钺老师》，载中国人民大学高等教育研究室校史编写组编《血与火的洗礼——从陕北公学到华北大学回忆录》（第二卷），中国人民大学印刷厂印刷，1997年，第332页。

③ 梁福义：《回忆华大生活 怀念尚钺老师》，载中国人民大学高等教育研究室校史编写组编《血与火的洗礼——从陕北公学到华北大学回忆录》（第二卷），中国人民大学印刷厂印刷，1997年，第332页。

学者之路

第十七章 学识才华涌妙思

文学家的活动

尚钺的女儿尚嘉兰1995年4月2日致魏若华的信中说："关于在北京的工作，他是中国作协的会员，作协常有会议通知或演出票给他；他曾出席全国第一届文艺工作会议，家里有会议开幕式的主席台照片；他也是中国科学院哲学社会科学学部委员，我曾看到过证书。"①

在云南昆明，尚钺是历史教员，还讲文学评论。在从事统战工作的同时，他参加了西南文化研究会，还应邀参加文艺活动。

1944年7月17日下午，中华全国文艺界抗敌协会昆明分会第四届会员大会上，尚钺、李广田、魏荒弩等当选候补理事执委。闻一多、楚图南、常任侠、李何林、光未然、赵沨等15人当选为理事或执委。1946年4月14日，因有分会理事离开昆明，所以进行了改选，楚图南为理事长，尚钺为研究部主任。②

① 魏若华：《尚钺有关史实的若干通信（连载三）·尚嘉兰致魏若华》，《银川党史》1997年第3期。
② 参见李何林：《致全国文艺界抗敌协会总会（二封）》，载《李何林全集》（第5卷），石家庄：河北教育出版社，2003年，第12页。

1944年9月24日，昆明分会部分理事和昆明文艺工作者，在北门出版社召开了一次文艺民主问题座谈会，主持人光未然，与会的有楚图南、李何林、章泯、尚钺、李公朴、吕剑等十余人。这次座谈会推动了昆明的文艺运动。

1944年10月19日，在云南大学致公堂举行了鲁迅逝世周年纪念会，到会的有四五千人，会场内外都是人。先由徐梦麟代表"文协"昆明分会致词，然后依次有尚钺、楚图南、姜亮夫、李何林、朱自清、闻一多演讲，尚钺就鲁迅的生平事迹发表演讲，就在此前，即10月15日《真报》第15期上刊发尚钺（当时署名尚健庵）的《论新时期文艺工作者的创作生活——1944年纪念鲁迅先生》。

1945年7月7日，昆明文艺工作者和其他文化工作者，举行抗战以来文化运动检讨会，出席的有田汉、闻一多、尚钺、白澄、楚图南、徐嘉瑞、冯素陶、李公朴、夏康农、潘光旦、曾昭抡等30多人，对全面抗战以来文艺、科学、教育、出版各方面做了回顾，提出了今后开展新民主主义文化运动的意见。

1945年2月27日，《云南日报》刊发一则简讯："中华职业补习学校举办之文艺讲座第十四讲，敦请云南大学教授尚健庵先生讲'文艺工作者的任务'，讲演日期定二月二十七日、三月一日及三日下午七时，欢迎旁听。"[①]

以上是尚钺在昆明参加的部分文艺活动。

1948年10月5日，《东北日报》第三版报道的《华北召开文艺会议：

---

① 转引自刘兴育主编《旧闻新编——民国时期云南高校记忆（中册）》，昆明：云南大学出版社，2017年，第346页。

确定积极反映人民战争土改及生产建设提高作品思想性　加强对现实的批判作用大力推动普及工作文艺与广大群众联系》，其为"新华社华北二日电"。开头曰："由前晋冀鲁豫与晋察冀两区文联联名召集的华北文艺工作者会议，于8月8日在华北某地举行。到会萧三、沙可夫、贺绿汀、张致祥、尚钺、周扬、艾思奇、艾青、赵树理、荒煤、欧阳山、柯仲平、田间、李何林、高沐鸿、光未然及新从蒋区来此之名戏剧家马彦祥先生及音乐家姚锦新女士等六十余人。会议历时十二天，十九日闭幕。"此次会议明确了今后文艺工作的任务，周扬在会上发表讲话，他指出要纠正党对文艺工作者关心、帮助不够的现状，并要求文艺工作者要自觉肩负起领导文艺运动的责任。

从现在能够看到的尚钺所刊发或出版的作品情况来看，从1930年尚钺发表在《东方杂志》第27卷第19、20、21号上的中篇小说《胜利品》（署名"依克"），到1935年发表在《文学》杂志第4卷第4期上的中篇小说《狗的问题》（署名"子丹"），再到1940年在《抗战文艺》第1期上发表《怀念鲁迅先生》，这中间有两个断层，即1930年11月—1935年4月，1935年4月—1940年1月，这期间文学作品发表几乎为零，这段时间又恰恰是尚钺一生中最为艰难的时刻，他飘忽不定，从上海到东北，到苏联，又到上海，到北京，辗转又到西北宁夏，又由宁夏到河南到武汉到重庆，1941年又到了昆明。他颠沛流离，遍尝人生的各种滋味，很多时候几乎命悬一线，遑论创作和思考。（当然，不可否认他在铆足了劲创作他的长篇小说。）后来，直到昆明，尚钺才算有了比较固定的工作、生活和学习环境。所以，这之后，他才时有文章见诸报刊。

1940年，他发了三篇文章，两篇是关于鲁迅的，一篇是关于周作人的。

1941—1946年尚钺所发文章中，关于鲁迅的有五篇，还有一次是在云南大学纪念鲁迅的会上致词。

除此之外，还有关于文艺、文学的论文发表，如《论抗战文艺任务的新发展》(《民主周刊》1945年第1卷第5期）、《论新文学的创造》(《扫荡报》1945年5月8日）；有关于时政的文章，如《政治协商会议的重大难点：评国民党代表对扩大政府组织的基本观念》《论今日中国的妇女问题》《如何解决国内代表问题》《控诉国民党反动派破坏民主和平毁灭人道暴行——抗议南通惨案》，以及《当前青年的任务》《解铃还须系铃人》《思想自由和个性解放》《我们所希望于政治协商会议的》《论保存中国民族艺术与夷胞舞踊》《枪声》，等等。作为文学家，尚钺的活动逐步频繁起来了。

东北问题研究

这里值得一提的是尚钺和黎民子、杨宁合写的一个小册子《东北问题的正确理解》。这个小册子1946年由民主周刊社出版，仅34页，共有三章内容。第一章"东北问题的历史回顾"，由尚钺撰写；第二章"东北问题所反映的中国国际地位"，由黎民子撰稿；第三章"东北问题和全国民主化不分离"，由杨宁主笔。小册子前有"弁言""绪引"，后有"结论"，均由黎民子写成。

之所以让尚钺主笔撰写第一章，"弁言"中曰："尚钺先生最熟习东北的历史，又是东北全部沦于日寇以后曾经和英雄的东北人民自卫战士共过一时患难的教育家，所以本册第一章就文从理顺地由他执笔。"这一章7000余字，应该是目前发现的尚钺从事历史教学工作后发表最早，也较长的一篇关于历史、现代史研究的文章。首先，尚钺放眼世界局势，从国际国内政治、经济、外交、军事等方面，剖析中国东北问题的产生、发展，他指出东北问题的提出共分为两个阶段：一是第一次世界大战以前，东北问题是中国问题的一小部分，是日本和俄国沙皇之争的地方；二是苏联革命成功以后，中国成为帝国主义国家包围苏联、进攻苏联的跳板，进而成为日本"灭亡中国必先征服蒙满"大陆政策中，日本入侵中国的核心借口，日本侵占中国东北之所以得到英、美默许，以及国民党政府的不抵抗政策的出台，主要是由于日本反苏。尚钺指出，国民党政府"安内而后攘外"政策，其"安内"主要是"反共""剿共"，在十年"剿共"内战中，美、英、德，以及日本、意大利都给予支持，目的就是反苏反共。

接着，尚钺指出了东北在国际战争中的重要位置。他说："这些不安与纷争，都由东北问题发轫，是谁也不能否认的。因此，中国问题，尤其是东北问题，一方面成了帝国主义法西斯进攻苏联的跳板。另方面也成了日本法西斯驱逐英美势力出中国，甚至远离东亚的根据地。日本占领台湾时所开始的海洋政策，占领朝鲜时所开始的大陆政策，到此时，始告一段落，亦既'灭亡中国必须征服满洲'的第一步骤，已经达到。一九三二年日军的攻占榆关，袭取热河，俯瞰华北，开始了'灭亡中国'的大陆政策的第二步骤，于是有所谓'华北为日本的生命线'的口号喊出。"[1]

----

[1]　尚钺、黎民子、杨宁编《东北问题的正确理解》，上海：民主周刊社，1946年，第6页。

在第二节"东北军民自动抗战的经过"中，尚钺则从1931年的"九·一八"事变起笔，中国有识之士都认识到"中国欲生存于世界，只有一条路，这路是摆脱一切帝国主义法西斯的反苏阴谋和影响，对外联络苏联，对内实行民主，建立各民族、各党派、各阶层、各行业的人士的抗日民族统一战线，实行抗战。这是历史决定的"①。而国民政府的不抵抗主义是违反全国军民意志的，所以就出现了不抵抗的军队和无耻投降的汉奸政府。虽然如此，却涌现出北大营驻军300名民族英雄死难不屈，马占山将军奋起抗战的动人事迹。东北民众风起云涌的抗战义旗到处飘扬。直至1932年由中共发起成立了东北抗日联军，组织抗日的民族统一阵线，一时间，东北各地布满了保乡复土的武装力量和英勇为国的抗战力量。1933年1月，日军开始攻占东北大部分地区。1936年东北全部沦陷。1937年7月7日，卢沟桥事变揭开了中国全面抗击日本帝国主义新的历史篇章。

尚钺指出，七七事变前后，国民党政府对待日军侵占中国的态度依然没有改变，全国人民抗战之声一浪高过一浪，却遭到国民党政府的无情打击。一是北平学生到南京请愿遭到残害和屠杀；二是中共领导的军队北上抗日（长征）遭到围追阻截；三是"一二·九"运动及西安事变，直到七七事变爆发，倒逼蒋介石发表庐山讲话，宣称抗日。这是中国抗战的伟大转折。

尚钺在第一章的最后一段中指出："很显然，所谓东北问题之所以造成，实由于国民党政府的对内政策，始终坚持着一党专制的独裁政

① 尚钺、黎民子、杨宁编《东北问题的正确理解》，上海：民主周刊社，1946年，第6页。

策。因为这样的政策，所以就否定了国父（孙中山）地方均权制的原则，硬想实行武力统一；到了武力有尽的时候，就阴谋利用国际的矛盾，以挑拨国际纠纷来遂行对内政策，甚至甘作国际上反动集团的戎首，来图谋完成自己武力统一的迷梦。在这样的政策之下，自然更不顾及广大人民群众的死活了。这情形，不仅对东北问题如此，就是对国内问题又何不然。国民党统治中国20年，这20年来，哪一天没有战争？哪一时又没有纠纷？在人民心目中'国民党'这个名词，简直成了战争与痛苦的代名词，难道还不明显吗？"[①] 这最后的质问，意在告诫世人，国民党政府已经走到了尽头，其言可谓铮铮有力！

《琵琶记》大讨论

关于戏剧《琵琶记》的讨论，是尚钺从事历史著作写作之外，参加的一次十分重要的文艺活动。

《琵琶记讨论专刊》"前记"载："中国戏剧家协会在今年（1956年）六月间，发起组织了关于古典剧本《琵琶记》的讨论。相当广泛地邀请了首都文艺、戏剧界人士，还特邀了上海、广州、杭州、重庆、青岛、武汉等地的专家来京，举行了较大规模的讨论会。从六月二十八日起到七月二十三日止，先后举行了讨论会七次，学术讲演会一次。

"近几年来，文学界对它的评价也很分歧。特别是戏曲界……有些同志认为它基本上是宣传封建道德的，是反现实主义的作品；有些同志

---

① 　尚钺、黎民子、杨宁编《东北问题的正确理解》，上海：民主周刊社，1946年，第9页。

则认为它的内容基本上是有人民性的，是现实主义的作品。"[1]

《琵琶记》是高则诚根据宋代戏文《赵贞女蔡二郎》重新创作而成的。后者写的是蔡伯喈中状元后入赘相府，乐不思蜀，背亲弃妻，当赵贞女赴京寻夫，与丈夫见面时，蔡伯喈不仅不认其为糟糠妻，而且放马踏死赵贞女。蔡伯喈的这一行为，人神共怒，遂遭雷劈，以悲剧收场。这是书生负心婚变悲剧性创作的代表作品。高则诚改编了《赵贞女蔡二郎》背亲杀妻的结局，换成了一夫二妇和睦相处，但并没有背弃原作的对于负心婚变行为的道德谴责。

负心婚变是人的际遇地位发生变化后的普通现象，尤其是在社会大变革或改朝换代的时代就更为普遍。当时，1950年年底，新生政权刚刚建立，由于信息阻塞，沟通不畅，在党政军干部中类似抛弃发妻，重婚现象就十分突出。1950年5月1日颁布实施的《中华人民共和国婚姻法》是新中国成立后的第一部婚姻法律，它确立了"婚姻自由，一夫一妻"的原则，开启了"妇女能顶半边天"的新时代。在婚姻家庭方面虽然有法可依，但是在现实生活中却有着极其复杂的情况。所以，在当时开展较大规模的《琵琶记》研讨是有一定现实意义的。

《琵琶记讨论专刊》记录了第一次"琵琶记"讨论会的盛况：

（1956年6月28日下午）关于古典剧本"琵琶记"的讨论，从今天起开始了。这是个闷热的下午，还不到二时半，全国文联会议厅的座位就全坐满了，但是人们还是不断地到来，使会场显得更加

---

[1]　剧本月刊社编辑：《琵琶记讨论专刊·前记》，北京：人民文学出版社，1956年，第1页。

拥挤和热烈。

出席今天讨论会的有，中国戏剧家协会主席田汉，中国人民大学历史系主任、历史学家尚钺，北京大学教授王瑶、浦江清，北京师范大学教授李长之，戏剧史家黄芝冈，中央戏剧学院教授周贻白，昆曲演员白云生，文艺理论批评工作者钟惦棐、李希凡……及首都文艺、戏剧界人士、报刊记者等一百六十多人。正在北京出席高教部召开的文史教学大纲研究会的山东大学副校长陆侃如，正在北京演出的湖南省湘剧团的主要演员徐绍清（饰张广才）、彭俐侬（饰赵五娘）等也出席了讨论会。

田汉首先发言，他代表剧协说明了组织这次学术讨论会的目的和意义。当他谈到希望到会人士尽量畅所欲言，用实际行动贯彻"百家争鸣"的方针时，引起了全体同志热烈的掌声。

历史学家尚钺今天下午四点钟还必须去出席另外一个重要的会议，他在离开会场前作了一个二十分钟的短小精炼的发言。他除了扼要地介绍了元末历史情况外，还提出了《琵琶记》不仅表现阶级矛盾，而且表现民族矛盾。大家在休息时，都纷纷地议论着尚钺提出的问题。（尚钺同志的发言记录，由本刊编者标题为"'琵琶记'的时代"，载于277—279页。）

接着，《剧本》月刊编辑戴不凡介绍了戏曲界和读者们对《琵琶记》的一些不同看法。

最后，戏曲史家黄芝冈作了长逾一小时的发言，他对剧中几个主要人物作了详细的分析。

每一次发言，都引起到会人士很大的兴趣和注意。会场经常响起掌声和笑声。

　　会议在五时三十五分结束。到会人士应剧协邀请在今、明两晚观摩湘剧团演出的全部《琵琶记》。[①]

这次研讨规格之高，时间之长，出席人员之多，影响之大之广，是中国文艺史上极其罕见的。参加研讨的人员还有翦伯赞、陈友琴（北大文学研究所）、白云生（昆曲演员）、刘斐章（湖南省文化局局长）、郭铭薮（四川省川剧院）、周贻白（中央戏剧学院教授）、董每戡、王季思（中山大学）、赵景深（复旦大学）、程千帆（武汉大学）、陈多（中央戏剧学院华东分院）、冬尼（四川川剧院）、光未然（理论批评家）、候岱麟（人民文学出版社）、俞平伯（北京大学文学所）、杨绍萱（北京师范大学教授）、范宁（北京大学文学所）、杜黎均（《人民文学》编辑部）、肖漪（中国人民大学）等。这些参会人员在历时近一个月的时间里，前后召开7次讨论会。在讨论过程中，成立了《琵琶记》研究小组，由田汉、翦伯赞、尚钺、黄芝冈、浦江清、赵景深、俞平伯、贺敬之等30多位专家组成。

尚钺的发言《“琵琶记”的时代》引起与会专家的争鸣。

尚钺分析了《琵琶记》产生的时代背景，他指出：“《琵琶记》产生于元末至正年间，这时正是元朝接近崩溃的时候。”“至于跟《琵琶记》联系得起来的科举制度，是在元朝的后期才开始实行的，实行的目的是想收买一部分人，当时的情况是到处农民起义，元朝的统治岌岌可危，

---

　　① 剧本月刊社编辑：《琵琶记讨论专刊》，北京：人民文学出版社，1956年，第1—2页。

为了挽回人心（士大夫阶级）就开办科举来笼络士大夫阶级。""当时除了阶级矛盾外，还存在着强烈的种族矛盾和民族矛盾。""元朝统治者对人民的压迫非常厉害，在元一代，几乎一到夜里就要戒严，不准人民藏有兵器，不准民家养马，不准人民聚会，害怕人民集会以后起来反抗。"他说："这个戏是在阶级矛盾和民族矛盾都非常尖锐的时候产生的，应该同时反映这两种东西；像蔡伯喈做了官，为什么不能把他老婆接来，这是因为受了当时农奴制的限制，如果不搞清楚当时的历史条件，就会使我们很难处理，这个戏末了的大团圆，我觉得有欺骗作用。""这个戏反映当时的贫苦粮荒都是对的，总的精神是对的，这一点没有问题。"他提出，"在这个时候特别来宣扬忠孝节义是不是很恰当"的问题，他认为忠孝节义是汉族原有的伦理道德观念，改编时"如果他把民族矛盾加进去，恐怕会更好一些"。最后，尚钺提出了两点：一是这个剧本主要是表现阶级矛盾，实际上不应该仅仅表现阶级矛盾；二是戏剧跟历史有很密切的关系，但二者毕竟不是一回事，过去，许多戏剧的内容常常与历史真实有矛盾的。同时，他指出，"编历史剧的时候，尽可能的（地）符合历史真实"。①

　　尚钺的观点自有其合理的一面，就艺术角度而言，文学作品有着艺术的真实性与历史的真实性问题，艺术的真实性不能等同于历史的真实，把艺术作品的创作放在作者生活的历史背景中去考量、考察，这种做法既可以探知作者创作时的心理和思想情况，同时也能够反映出作者生活时代的真实状况。高则诚创作改编的《琵琶记》，其主要故事情节

---

　　① 本段引文出自尚钺：《"琵琶记"的时代》，载剧本月刊社编辑：《琵琶记讨论专刊》，北京：人民文学出版社，1956年，第277—279页。

是才子科举得意后的种种心态，牛小姐和赵贞女（赵五娘）一个是相府千金，一个是结发之妻，在负心与不负心的矛盾处境中，最终以牛小姐的宽容与同情，获得了一夫二妇的大团圆结局。而就当时新中国成立之始，类似于蔡伯喈式的婚姻情态是一种十分常见的现象。

此次讨论提出了"改戏、改人、改制"及"旧瓶装新酒"服务生活、服务现实的观点，并指出评判戏曲剧目的新标尺——要坚持人民性与现实主义的原则。

这是尚钺参与文学活动的一次十分重要的经历。在华北大学甚至往前推到在昆明期间，他侧重于研究的是中国历史，而1954年《中国历史纲要》的出版，标志着他已是一位地地道道的历史学家了。

第十八章　志成全史首清时

《中国历史纲要》成书背景

1949年1月，北平和平解放。这年3月，尚钺随华北大学迁入北平。1950年2月，中国人民大学筹备期间，尚钺担任教育研究室研究员兼史地组组长。1950年7月，中国人民大学正式成立，尚钺任中国历史和中国革命史教研室中国史组长、中国历史教研室副主任，当时尹达任主任。1953年9月，尹达调任北京大学副教务长，尚钺就接替了教研室主任之职。

1950年代初期，尚钺先后培养了80余名研究生，并编写历史教材（讲义），撰写学术论文。1954年8月，他主编的《中国历史纲要》一书，由人民出版社出版。这是尚钺根据自己对一些历史问题进行探索取得的成果，是他组织教研室的同志集体编写的一部教材。

资料显示，尚钺主编的《中国历史纲要》一书是1949年以后出版的第一部简明的中国历史著作。这部著作利用马克思主义的史学分期观点，构架中国历史，解释中国历史发展的规律，将中国历史与世界历史相对比，具有开放眼光，结构清晰、语言简洁、通畅易懂，受到师生和干部的欢迎，引起了史学界重视，国外先后出现了日、俄、波兰文等几种文字的译本。^①毫无疑问，《中国历史纲要》外文版的出版，加强了中国史学界与世界史学界的交流。

《中国历史纲要》是因中国人民大学中国通史课程教学的需要，在尚钺的原稿基础上编写而成。尚钺在书前《编者的话》中说："虽然曾经于去年陆续印成了十一小本的分册，以供校内教学应用，史学界的同事们也不断有向我们索取或径向我校出版科购置参考的，但我们总觉得很不成熟而未敢公开出版。但至本年春季我校经验交流大会以后，由于领导上的号召和史学界同志们的鼓励，使我们认识到，只有公开出版，让史学界的同志们有批评的对象，我们才能获得各方面的帮助，而逐渐提高和进步。因此，我们才决定公开出版。"^②其诚惶诚恐的心情可见一斑。接着，他又说："但是，为着减少犯错误，我们在交出之前，除慎重校订修改之外，又将旧印的十一分册初稿分别寄给我们所熟悉或有过交往的史学家或历史研究机关的同志们，诚恳地请求给我们以严格的指正，一方面提高我们教学的质量，另方面便于我们修改初稿。"^③

旧印初稿发送之后，尚钺等收到了尹达、侯外庐、张政烺、唐长儒等历史学家的宝贵意见，并做了修改。在尚钺的主持下，中国人民大学中国历史教研室的同志根据原稿进行缩编、整理、增删及材料的考订，经过几年的努力，终于完稿。尚钺在《编者的话》中最后说："我们诚

---

① 参见张承宗：《吴门探史录》（上编），哈尔滨：黑龙江人民出版社，2009年，第82页。

② 尚钺主编《中国历史纲要》，北京：人民出版社，1954年，第2页。

③ 尚钺主编《中国历史纲要》，北京：人民出版社，1954年，第3页。

《中国历史纲要》封面

恳地希望国内史学界的同志们，给我们以严格的批评和宝贵的指示，使我们在教学工作上和对历史问题的研究上，能获得进一步的提高。"①

《中国历史纲要》的主要观点

《中国历史纲要》（1954年8月第1版）共29.6万字，分六章："第一章　原始社会到秦帝国的建立（？—公元前207年）""第二章　两汉帝国的建立及其分裂——两汉三国（公元前206—公元280年）""第三章　西、北各族的进入北中国与汉族政权的南迁——两晋南北朝（公元265—589年）""第四章　统一封建帝国的昌盛及其衰微——隋唐五代（公元581—960年）""第五章　封建制度的高度发展与女真、蒙古统治下社会经济的衰微——宋辽金元（公元960—1368年）""第六章　封建

制度末期及其延续——明及鸦片战争以前的清朝（公元1368—1840年）"。六章内容囊括了远古到近代中国的历史，文笔凝练。

用小说家的眼光来选取材料，突显时代特征；用文学家的语言来叙写历史事实，文字准确精练；用史学家的胆识来架构朝代兴衰，脉络清晰有序；用马克思主义史学观点来权衡断代，层次分明、科学。《史记》被鲁迅先生称为"史家之绝唱，无韵之离骚"。这一点，尚钺是知道的，《中国历史纲要》可以说既有文学家的笔法，又有史学家的灼见。所以，也可以把《中国历史纲要》一书当作文学作品来读。

《中国历史纲要》一书，以生产关系必须适应生产力的性质这一历史唯物主义的基本原理作为理论依据，认为中国历史是记录了我们的祖先从古至今在各个领域从事生产、生活活动、斗争的轨迹，首先是数千年来的生产方式的发展历史，是生产力和人们生产关系发展的历史。这正是该书的一大特色。然而这仅仅是该书形式上的特色，其史学观点上的特色才是该书的核心所在，其"魏晋封建说"具有里程碑的意义。

尚钺运用马克思主义研究历史的基本方法，即恩格斯在1890年8月5日给康·施米特的信中说的——"全部历史都应该重新研究，首先必须详细研究各种社会形态的生存条件，然后才可试图从这些条件中，找出相应的政治、私法、美学、哲学、宗教等等的观点"[①]——来架构内容。

如第三章共分三节，第一节"西晋的统一"，直言公元265年司马懿代魏，建立晋封建王朝（265—361）都洛阳，史称西晋。写了司马炎和他的儿子晋惠帝及怀帝三代君王统治时期情况。说"司马炎沉湎于酒

---

① ［德］马克思、［德］恩格斯著，集体翻译，唯真校订：《马克思恩格斯文选（两卷集）》（第二卷），北京：人民出版社，1958年，第487页。

色，一般官僚地主也是尚奢靡，行为放荡。如何曾日食万钱，还说'无下箸处'，曾子何劭奢靡更甚，每天食需两万钱。石崇与王恺斗富，极尽奢华，浪费无度。贵族子弟大多放荡不羁，每群聚狂饮，极散发裸体，不以为耻"。又说"司马炎的儿子晋惠帝昏庸愚痴，听说各地饥荒，人民饿死的很多，他却说'何不食肉糜？'"①。又如第三节"南北朝的对立"，专门写到"随着封建经济进一步的发展，士族制度（士族官僚门阀制度）在东晋时已经确立"。魏时的"九品中正制"在西晋得以延用，但已出现了"上品无寒门，下品无氏族"，"举贤不出世族，用法不及权贵"的现象。说"氏族子弟二十岁就作秘书郎，升迁极快，寒门（下品）年过三十，始得试作小吏"。这些政治现象反应在经济上是贫富悬殊加剧了社会矛盾。

在其中"两晋南北朝文化"里，介绍了西晋末年的思想家鲍敬言痛恨统治阶级对人民的残暴掠夺和荒淫腐化，将老庄学说中一些成分发展为无政府主义的《无君论》。他认为上古时代，本无君臣之分，后来出现了一批强暴和欺诈的人，奴役和剥削弱者，才产生了统治阶级。自从有了统治者，就有了掠夺与荒淫，人民就因此陷入贫困。人民群众在繁重赋税剥削下，饥寒交迫，奋起反抗，统治者制定的礼和法不能制止人民的反抗。所以，他就主张无君无臣，取消统治。他继承了老庄思想，又发展了老庄思想。他认识到了社会上存在的奴役和剥削现象不合理，并强调统治者制定的礼和法，实际上是为了维护统治阶级的利益。这种观点打击了统治阶级的权威和尊严。魏晋南北朝时期外来宗教、佛教的

① 尚钺主编《中国历史纲要》，北京：人民出版社，1954年，第73、74页。

传入与植根，"天堂"与"地狱"之说，为那些被奴役的受苦受难的劳动人民找到了一条走向"极乐世界"的"出路"。这种宣扬生时忍受一切疾苦，死后就能获得快乐永生的观点为统治者所利用。佛教遂成为麻醉人民思想的工具，被统治者重视，于是就出现了山西的云冈石窟、洛阳的龙门石窟，从而也成为中国美术史上的宝贵遗产。还有科学的进步、史学的成果以及文学发展，等等。编著者从朝代政权的更替，到政治制度的变革，从经济发展状况的分析，再到思想文化的倡导和发展，既说明生产力适应生产关系的必然，也强调了经济基础决定上层建筑的发展规律。

编者认为，西汉末年奴隶制日益走向衰落和解体，东汉光武帝刘秀顺应时代发展和巩固政权的需要，颁布释放或禁止虐杀奴婢的命令，从法律地位上，东汉以后奴婢已经逐渐变成了农奴。到了三国时期屯田制的出现，耕种者被束缚在土地上，就成了名副其实的农奴，中国历史开始进入封建社会。

随着社会经济的发展，农业与手工业有了一定分工，从唐到两宋，尤其是元末农民起义过程中许多工匠从工奴的地位解放出来，明朝建立后，明代手工业在两宋基础上有了新的发展，出现了资本主义的手工业作坊。尤其在丝织业、棉纺织业、陶瓷制造业等行业出现了由雇工、佣工从事劳动的作坊，这些雇工、佣工领取计日工资，即做一天的工作，雇主给一天的钱。这些靠领取工资生活的雇工、佣工，就是今天我们所说的工人。明代出现了一批工业城镇，如苏州是丝织中心，景德镇是瓷器制造中心，松江是棉织业中心，芜湖是染业中心，南京、北京人口剧增，工商业都很发达。对外贸易也十分繁荣，当时中国外贸以南洋诸国为主，商品主要是丝织品、瓷器等，随着商品经济的发展，出现了流通的货币——银，这些特征，表明在明代末期开始出现了资本主义的萌芽。清军入关后，清朝统治者对民营工商业实行种种掠夺性排挤和压迫，阻滞了中国民族资本主义生产的发展，延续了两千多年的封建社会。

以上是尚钺主编的《中国历史纲要》的主要观点，整本书自成体系，有别于其他历史学家关于中国历史分期的观点和断代。然而，后来却成为他被批判的理由。

《中国历史纲要》出版之后，1956年4月，尚钺的论文结集《中国资本主义关系发生及演变的初步研究》出版。该书共收入尚钺论文三篇，分别是《中国资本主义生产因素的萌芽及其增长》《清代前期中国社会的停滞、变化和发展》《明末清初学术思想的发展及其演变》。尚钺在正文之前《作者的话》中，根据历史唯物主义原理，对陶希圣等人的观点进行了批判，提出了他对中国历史发展规律和有关中国资本主义萌芽问题的看法，认为"在中国封建社会末期，明清时代，中国社会内部，由于商品经济的发展，已在孕育着资本主义生产的萌芽。因此，中国社会即使没有外国资本主义的影响，也会缓慢地走上资本主义社会"[①]。

尚钺关于"魏晋封建论"的提出和对于中国资本主义萌芽发生问题的深入研究，在当时是运用马克思主义史学观研究中国历史的重要观点和主张，受到史学界及党中央领导的关注。

由此，这两部书勾勒出尚钺的史学观点，建构了他的史学体系，尚钺因此从过去的小说家或曰文学家、历史系教员、教授一跃成为著名的

---

① 尚钺：《中国资本主义关系发生及演变的初步研究·作者的话》，北京：生活·读书·新知三联书店，1956年，第5页。

历史学家。他的一家之言，即"魏晋封建论"与"西周封建说""战国封建论"，成为当时中国历史学界鼎足而立的三大学派。此时的尚钺又多了一个头衔——历史学家。

第十九章　史纲长蕴翰风香

范文澜论史

1956年4月28日，在中央政治局扩大会议上，毛泽东正式提出"双百"方针，即"艺术"问题上的百花齐放，"学术"问题上的"百家争鸣"。关于学术界的百家争鸣也被提到学术研究上，成为开展学术批评的重要依据。为了响应号召，史学界开始了"百家争鸣"活动。

1957年3月25日，历史学家翦伯赞提出在北京大学开设"历史问题讲座"，第一讲就是请范文澜主讲《历史研究中的几个问题》，3月30日的上海《文汇报》进行了专题报道。1957年5月2日，尚钺应柴德赓邀请到江苏师范学院作《关于研究历史中的几个问题》的报告，《文汇报》和当时苏州市的地方报纸《新苏州报》也作了报道。

范文澜在讲座中讲了四个问题。第一个问题，关于学习理论的问题；第二个问题，关于掌握资料的问题；第三个问题，关于文字表达的问题；第四个问题，关于言行一致的问题。

在第一个问题"关于学习理论的问题"中，范文澜列举了八篇文章：《实践论》《矛盾论》《"农村调查"的序言和跋》《改造我们的学习》《整顿党的作风》《反对党八股》《再论无产阶级专政的历史经验》以及《纪念整风运动十五周年》，并讲到"这八篇文章就是学习理论的诀窍和钥匙"。

在第二个问题"关于掌握资料的问题"中，他指出："使用资料要忠实、准确，这是起码的原则。"其中他还"顺便谈了谈"对尚钺教授《中国历史纲要》一书的看法："我看这本书是用西欧历史作蓝本的。他们那里是奴隶社会了，中国也就开始是奴隶社会；他们那里是封建社会开始了，中国也跟着开始封建社会；西欧封建社会发达起来了，中国封建社会也跟着发达起来。整本书里大致都是这一类的比附。

"是否写这本书时，有意无意地依西欧历史的样来画中国历史的葫芦？或者说，是否在削中国历史之足，以适西欧历史之履？如果承认各国历史发展各有其特殊性，那么，有什么切实的理由能够说明它们应该这样巧合？我不能不表示怀疑，我不能表示赞同。

"如果'纲要'这部书继续写下去，写到鸦片战争以后的话，不知道该怎样画才好。俗话说，'三尺郎君七尺妻，凑得头齐脚不齐'。'纲要'把中国和西欧历史的头算是凑齐了，脚怎么办呢？历史是前后贯串（穿）联系着的，可以置脚于不顾么？！"① 这显然是在批评尚钺主编的《中国历史纲要》一书依西欧之"葫"画中国之"瓢"。

在第四个问题"关于言行一致的问题"中，他指出："做学问不是简单的事情，要下苦功，慢慢地来。我经常勉励研究所的同志们下'二冷'的决心。一冷是坐冷板凳，二冷是吃冷猪肉（从前封建社会某人道德高，死后可以入孔庙，坐于两庑之下，分些冷猪肉吃）……一个做学

① 范文澜：《范文澜全集》（第十卷），石家庄：河北教育出版社，2002年，第393—394页。

问的人，有这样的决心、下这样的工夫，如果真有成绩的话，总会有人来承认你，请你去吃冷猪肉，何必汲汲于当前的名利呢！"① 这些内容虽然语气上比较平和，但实际上已经否定了尚钺在《中国历史纲要》一书中的观点，还给他扣上了"教条主义"的帽子。

　　1957年3月30日，《文汇报》第二版标题引题是："北大'历史问题讲座'开讲"；正题是："范文澜纵论史学研究方法"。这次讲座盛况空前，"三千多位听众挤满了北京大学大礼堂的里里外外，聚精会神地听着范文澜先生所作的第一讲：'关于历史研究中的若干问题'。这里面有三分之一以上是来自校外的人士，包括一百多个机关和团体。其中有学生、史学工作者、自然科学家、工程师、军官和干部，也有外国外交官和专家"②。报道里又专设一小标题《评述尚钺"中国历史纲要"认为是一部硬搬教条的著作》，指出："范先生尖锐地批评了在历史研究工作中所存在着的严重教条主义倾向，并且举出尚钺教授所主编的'中国历史纲要'为例，认为是硬搬教条的作品。"报道还提到了"主魏晋说学者的反映"："会后，大家议论纷纷，认为范文澜先生对尚钺教授的批评一定会起争论。因为古代史的分期向来是史学研究中悬而未决的一个大问题。在各学派之中，范文澜先生是主张我国封建社会是从西周开始的；郭沫若先生又认为我国封建制的分期是在春秋战国之交；而尚钺教授则认为我国奴隶制度的下限应在东汉末年或魏晋时代。大家都对尚钺教授如何来答复这次批评感到极大的兴趣。

<hr>

①　范文澜：《范文澜全集》（第十卷），石家庄：河北教育出版社，2002年，第398页。
②　刘光华：《北大"历史问题讲座"开讲　范文澜纵论史学研究方法》，载石俊升主编《文汇60年作品选》，上海：文汇出版社，1997年，第304—305页。

"由于尚钺教授最近动过手术，正在太湖疗养，记者无从探询他本人的意见。但从几位与尚钺教授在古代史分期问题上持同样见解的史学家谈话中，也可以大致看出这个学派对这次批评的反映。他们对记者说：《中国历史纲要》是1953年中国人民大学因讲授中国通史的需要由尚钺教授主编而成的。在编写中虽然力求运用马克思列宁主义的立场、观点和方法根据中国历史实际，揭示出中国历史发展规律，但由于时间匆促，而且缺乏足够的人力与资料，在理论与史料上的错误在所难免。范文澜先生对'中国历史纲要'的批评，提醒了大家应警惕这些缺点，在今后的历史研究工作中应注重理论与实际的结合，以及历史发展中一般规律与特殊规律的结合，这是很好的。但说这书是生搬硬套西欧历史作品，他们则不能同意。

"他们指出，30年来中国史学家对古代史分期问题的分歧是很大的。大家往往根据同一些史料，并且引证了几乎相同的一些经典条文，但是结果却会相差千年以上。因此，今天来探讨这个问题，首先应当把奴隶社会的特殊性规律弄清楚，再来看当时我国奴隶社会的具体情况。他们认为范先生对尚钺的批评不够具体难以说明问题。"①

报道说："主持讲座的北京大学历史系主任翦伯赞教授对记者说，有不同的意见就会有争论。范文澜先生对尚钺教授提出批评是符合于'百家争鸣'的精神的。尚钺教授当然也可以利用这个讲台来为自己辩驳，进行对范文澜先生的反批评。最近尚钺教授曾来信表示准备参加这个'历史问题讲座'。翦伯赞教授接着又说，为了使讲演的人无所顾忌，

---

① 刘光华：《北大"历史问题讲座"开讲　范文澜纵论史学研究方法》，载石俊升主编《文汇60年作品选》，上海：文汇出版社，1997年，第304—305页。

畅所欲言，讲题内容和时间都由他们自行决定，谈自己的研究成果也好，批评争论也好，一切听便。他说，郭沫若先生对我国古代史分期和其他历史问题都有独到的见解。他已经写信去约请了。"[①] 但是，郭沫若没有去，尚钺也没有去。

在中国史学历史上，常把郭沫若、范文澜、吕振羽、翦伯赞、侯外庐五位史学家通称为"五老"。范文澜在史学界的权威和地位及其影响可见一斑。范文澜时年64岁，尚钺55岁，作为长者，德高望重，他的讲话既平和，又语重心长。范文澜早年在北京大学学习，师从刘师培、黄季刚（黄侃）、陈汉章，国学功底深厚，著有《中国通史简编》《群经概论》《正史考略》《文心雕龙注》等。他曾任中央研究院副院长兼历史研究室主任，后任北方大学校长，华北大学副校长。在北方大学和华北大学，他与尚钺是同事关系，也是上下级关系，尚钺那时讲授中国历史就以范文澜撰写的《中国通史简编》为教材。

尚钺的讲座

范文澜的讲座，从某种意义上说，也是讲给尚钺听的；称"尚钺教授"，而不称同志，已经透出了些许消息。但是，尚钺并未领悟到范文澜话里的玄机和用意，反而坚持自己的观点和主张。所以，当看到1957年3月30日上海《文汇报》的报道后，尚钺没有到北京大学讲座，而是接受了柴德赓的邀请，于5月2日到江苏师范学院作了《关于研究历史中的几个问题》的报告来回应或曰反驳范文澜的观点。

---

① 刘光华：《北大"历史问题讲座"开讲 范文澜纵论史学研究方法》，载石俊升主编《文汇60年作品选》，上海：文汇出版社，1997年，第306页。

这个讲座共有六部分：一、前言；二、理论与实际结合；三、正确地对待史料问题；四、历史家不能要求历史为自己主观成见服务；五、不能做史料的尾巴与俘虏；六、对范文澜同志的批评说明几句。

尚钺在批评的同时，也阐释了自己的观点。他指出："在这些书上（指吕振羽《简明中国通史》、范文澜《中国通史简编》）还不能把人民经济生活的史料和政治生活、精神生活史料（即思想史）密切的（地）联系起来，连成一个整体。因此，我们看通史简编上经济与政治乃于思想意识彼此间，都孤立起来，没联系，这里几条条是经济，那里几条条是政治，那里几条条是思想。"他说："我国古代虽然有这样丰富的史料，却没有一部比较好的通史。"他指出："我所谓通史是上下通、彼此通。上下通如写汉代，他要跟春秋战国通是上通，跟魏晋南北朝通是下通，中间通是思想意识、政治经济、法律制度、宗教等各方面通，彼此都联系起来成一个整体。因为一个社会是一个有机体，它和我们所有的眼睛耳朵一样。"在他看来，"我们还没有写成好的关于中国整个历史发展的一部著作，也没有这样一个著作"。"今天的中国历史还是一片开垦的不够好的荒原。"①毫无疑问，这一观点打击面太广。

尚钺运用马克思主义唯物观和方法论，得出人类社会的发展规律，即"奴隶制代替原始社会制度是一个进步，但是奴隶社会由于本身的矛盾，必然死亡。封建制从奴隶制度社会孕育出来，最后取奴隶制而代之，又是一个进步，但是封建制度由于本身的不可克服的矛盾必然要死亡。在封建社会里孕育出资本主义生产关系，结果取封建制而代之。而

① 本段引文出自尚钺：《关于研究历史中的几个问题》（讲话记录），载《历史研究》编辑部编《尚钺批判》（第一辑），1960年，第273、274、275页。

资本主义在发展的过程中，由于它本身带有不可避免的矛盾，一定要死亡，代之而起的一定是社会主义"①。同时，他指出：揭示出这一社会规律，就可以帮助人民群众坚定信念，跟着党一块儿走。

他还在讲座中指出了徐中舒、郭沫若、胡适、陶圣希、吕振羽、范文澜等史学观中的不足；甚至有错误反动的，如胡适、陶圣希，并对他们进行了批判。其在第六部分"对范文澜同志的批评说明几句"，虽然主要讲了两点，但流露出的是据理力争，或曰不服气。说他年轻气盛也好，说他不领范老那份情也罢，但是，总之一句话，他有锋芒，也有坚守！

尚钺的讲座结束后，主持人柴德赓总结指出："今天北京大学是大讲台，我们是小讲台，不过北京大学只坐一千人也不算太大，但比我们这个大的（得）多了。""范文澜提出了什么教条主义，尚钺先生解释这个教条主义，很有意思，我想了八句话，两首不成韵的诗，作为大会结束：一、那边大讲台，这里小讲台；讲台虽然小，文章大于天。二、你说我教条，我说你教条；哪个说的对，事实见分晓。"②

这一南一北两个历史讲座，从学术意义上说，充其量不过是一场学术争鸣。可是，随着政治形势的发展，却逐渐变了性质。

1957年5月15日，毛泽东写了一篇文章《事情正在起变化》；1957年6月8日，又起草了《组织力量反击右派分子的猖狂进攻》；1957年7月1日，《人民日报》发表毛泽东写的社论《文汇报的资产阶级方向应

① 尚钺：《关于研究历史中的几个问题》（讲话记录），载《历史研究》编辑部编《尚钺批判》（第一辑），1960年，第296页。

② 《历史研究》编辑部编《尚钺批判》（第一辑），1960年，第308、309页。

1950年代的尚钺

当批判》；1957年7月9日，毛泽东在上海干部会议上作了《打退资产阶级右派的进攻》的讲话。

1959年庐山会议之后，在"反右倾"斗争中，尚钺就被划定为史学界代表人物。他与经济学家孙冶方、文学评论家巴人（王任叔）一起受到全国性的重点批判。几家有影响的学术刊物都刊出批判尚钺专号，《历史研究》编辑部将其中重要文章汇集成《尚钺批判》，于1960年4月印成白皮书。此后十余年，尚钺作为批判对象，备受摧残，并承受了第二次丧妻失子之痛，身体也是每况愈下。

第二十章　是非功罪终分晓

关于《尚钺批判》

《尚钺批判》集录文章如下：范文澜《历史研究中的几个问题》、刘大年《关于尚钺同志为"明清社会经济形态的研究"一书所写的序言》、黎澍《中国近代始于何时？》、刘大年《中国近代史研究中的几个问题（第一个问题）》、黎澍《百家争鸣和思想斗争》、李文海《坚持历史科学的党性原则》、李光灿《反对从资产阶级观点理解"百家争鸣"》、黎澍《是马克思列宁主义还是私人科学》、翦伯赞《"新冒出来"的史学体系还是"旧的传统史学体系"的翻版》，共九篇。其中刘大年两篇，黎澍三篇。另外，附录中还收录了尚钺六篇文章和一篇讲话记录。

这里尤其要讲到刘大年和黎澍。

刘大年，1915年出生于湖南华容县，依靠勤奋学习，在中国历史研究，尤其是近代史研究方面成绩突出。专著《美国侵华史》的出版，奠定了他在中国史学界的地位。这本专著最初以"美国侵华简史"之名在《人民日报》上连载，1951年经过修订，以"美国侵华史"为书名出版。之后，苏联、朝鲜、捷克斯洛伐克和民主德国相继出版译本。刘大年的主要贡献是在中国近代史的研究方面。

黎澍，1912年出生于湖南醴陵，1950—1955年在中共中央宣传部工作，1955—1960年任中共中央政治研究室历史组组长，其学术贡献是近现代史研究。

从学术上讲，刘大年批判尚钺是因为毛泽东在论及中国无产阶级的特点时指出："中国无产阶级的发生和发展，不但是伴随中国民族资产阶级的发生和发展而来，而且是伴随帝国主义在中国直接地经营企业而来。"中国无产阶级很大一部分要比中国资产阶级的年龄和资格更老。这完全合乎实际。而尚钺观点是，中国资本主义发生、发展是在明清之际，而不是殖民的产物，不是邻国入侵来的，在1840年鸦片战争之前就已经有了资产阶级。这与毛泽东的论述并不矛盾，然而，刘大年却生拉硬套地认为尚钺反驳了毛泽东的观点，必须纠正过来。而黎澍批判尚钺的目的也十分鲜明，他对尚钺的批判主要是政治批判。后来，全国高等学校历史系和历史研究机构都开展了对尚钺的批判。

如1960年《江海学刊》刊登了一篇题为《南京史学界批判尚钺的错误历史观点》的报道："中国科学院江苏分院历史研究所，南京大学历史系和南京历史学会于四月上旬联合举办了一次批判尚钺同志修正主义观点的会议，南京史学会上，有六位同志作了系统的发言"，还介绍了洪焕春、茅家琦、王大荣等人的发言内容。[①]

尚钺无论如何也没有想到自己会成为全国大批判的对象。有人说过这样的话：人生的钟摆永远在两极中摇晃，幸福只是其中一极，要使钟摆停

---

① 洪焕椿：《南京史学界批判尚钺的错误历史观点》，《江海学刊》1960年第5期。

止在一极上，只能把钟摆折断。这或许就是我们常说的"月盈则亏"吧！

尚钺致信刘大年

尚钺发现刘大年等人对他的批判，带有浓厚的政治意图，这时才感觉到问题的严重性。于是，他先后于1958年4月22日和6月25日，两次写信给刘大年，态度十分诚恳。

尚钺在1958年4月22日给刘大年的信中说：

大年同志：

来示敬悉。我写的那个"序言"和那本书，本来毛病很多，您的批评还是好的，自己同志间批评，比起旁人批评就更好些。不过，有些问题，还值得商议一下，我因之写了一篇和您谈学术批评的文章，说不上"反驳"。写好后，适值桂五同志来，想请他看看，然后再转交您。不意有些同志知道我将文章送给您了，他们很关心，希望能在教研室先讨论一下。所以，我又要了回来。但恰遇"双反"紧张阶段，既未讨论又未修改，一搁就是半月，但为着打开学术自由讨论的风气，先从我们同志间开始是必要的。但为着作为学术界的风气倡导，首先必须从我这里把态度搞端正，就尤其必要。因此，既然您来催促，兹先送上请打印一下，分送有关各方面请提意见，并请说明我要求各方面审查时，不仅要注意我文章的内容，尤其要注意我的态度，至于发表的问题，我想等各方面意见来了再商量。因为我们这样的讨论，是否有助于展开学术自由讨论的风气，如无利如此，仅是我自己辩解一下，我想还是以不发表为好。因为我那本书和序言，写的（得）实在不好，批评批评也是应该的。

"历史学科……为谁服务"一稿，有些字句不明确，请您和尹达同志直接修改一下。我一向不会写政治性很强的文章，咱们又是有组织的战斗，请您（你）们正式挂起帅来，特别是两年的卧病，对于学术界的情形摸不清，这样的文章您（你）俩更应该作（做）主。至于春秋时比祖宗资格老等，是"让历史为现实服务"，是对的，我也承认这一点，但因它不是反映现实而是谈古，所以这个"厚今"与今天我们的"厚今"有所不同。或者我在校稿上再把这一点修改一下。因此，他们的这种"厚今"就有了另一面，即造成史学史上厚古薄今的传统，也即对现实服务的方法是"不谈今而谈古"，在客观上就有着诱导被剥削的人民大众脱离现实的倾向，不知您以为如何？把古史现代化的厚今，与我们马克思主义者研究古史，从古史研究出社会发展规律来，也有所不同。末尾两段是我看见伯达同志丑化资产阶级史学家的学步，如不妥当，可以删去，等校稿来时再研究。总之，我的文章写得不成熟，还有什么意见，请即早提来。

　　此致

敬礼！

尚　钺

4月22日

打印本请给我20份，以便我室同志们传阅讨论。①

　　这封信的信息量很大。"来示敬悉"说明刘大年有给尚钺信件，其具体内容不得而知，但从尚钺这封信的内容上可以知道，是关于尚钺为《明清社会经济形态的研究》一书所写的序言，以及尚钺写的《与刘大年同志谈谈学术批评》两篇文章。后一篇写于1957年，1958年4月投稿给《历史研究》，该刊没有刊用，后来辑入《尚钺批判》一书。刘大年的来信是催促尚钺写出针对他《关于尚钺同志为"明清社会经济形态的研究"一书所写的序言》的反驳文章。从尚钺信的内容可以看出，尚钺秉持的是学术批评，是"自己同志间批评"的原则，字里行间里流露出谦虚和对刘大年的敬重，以及诚惶诚恐的心态。山雨欲来风满楼，这是尚钺当时的预感。1958年6月25日，尚钺又给刘大年去了一封信，这封信是关于《历史科学为谁服务》和《与刘大年同志谈谈学术批评》两文退稿的事，信中表现出的仍然是谦虚。

　　《历史研究》1959年第10期刊发了刘大年《中国近代史研究中的几个问题》一文。这篇文章共讲了三个问题，一是中国近代史始于何时，二是太平天国革命的性质，三是中国近代历史分期。他将尚钺关于历史分期和资本主义萌芽问题与范文澜和中央领导人的说法进行对照，尚钺的观点显然有不一致的地方。那时正值反右运动，这篇文章从政治层面上来说给了尚钺重重的一拳。尚钺一下子成了史学界被批判的代表人物。

----

① 王玉璞、朱薇编《刘大年来往书信选（上）》，北京：中央文献出版社，2006年，第185、186页。

1960年以后，尚钺几乎没有了话语权，史学界对他的批判文章铺天盖地。

1966年，刘大年、黎澍也遭到批判。翦伯赞遭到批判不久，于1968年12月18日离世。范文澜也受到冲击，后由于身体的原因于1969年7月29日病逝。尚钺于1978年得以平反，1982年1月6日病逝。

这场被史学界称为学术公案的论争，也是一桩实实在在的政治冤案。实际上，用马克思主义关于人类社会分期的理论或框架，或者用摩尔根蒙昧时代、野蛮时代和文明时代的系统来看待中国历史发展的进程，都有削脚适履的嫌疑。中国自有独特的社会形态，其文明的发生、发展和传承，有别于欧美等世界上所有国家。其社会形态的界限又怎会划定得那么清晰。正如尚钺所说，后一种社会形态是孕育于上一种社会形态之中的。然后，逐步的积微成著，于是新的一种社会形态便形成了。

尚钺在经受大规模的批判之后，更加成长为一名坚定的、坚强的马克思主义革命战士。他对马克思主义的信仰坚定不移，他对自己认为正确的学术观点坚持不变，勇于追求真理，表现出马克思主义史学家的可贵风范和崇高品德。他还在全国大批判的浪潮中完成了数十万字的《中国原始社会史探索》和多篇学术论文，如《山顶洞人的生产工具为什么这样少？》《〈织工对〉新探》《有关历史人物评价的几个问题》等。

再次丧妻失子

1950年代末，尚钺夫妇凑钱在中南海东墙外的胡同中买了一个四合院。

1960年代，尚钺接伯父尚蘅甫
到北京甜水井1号家中小住

尚晓援回忆说："这个院子离天安门广场很近。中山公园西边向北拐就是南长安街，再从中山公园西门斜对过的胡同中向西走，再向北拐两个弯就到了甜水井胡同。过了甜水井胡同，是九道湾胡同。甜水井胡同的西头紧贴中南海的东墙根，东头就是我家的院子。甜水井胡同一共只有四个院门。""我家的小院子不大，前后两个跨院，只有七八间房。进口是一个当时北京常见的门楼，门前的对联是'忠厚传家久，诗书济世长'，当然都是繁体字。门两边还有两个小小的石墩，好像是两只小小的狮子。一进门楼，是一个小院，向西一拐，便是主院。""全家人都住在主院里。此房三间为父母的卧室和父亲的书房兼客厅，西房两间为卫生间和厨房，南房三间为餐厅、孩子们和保姆的住房和卫生间，一间东房暂时无人居住，用作储藏室。"①

① 《尚钺先生》，第207、208页。

在尚钺书房前面，东边是一株毛桃树，西边是一株葡萄树和一株丁香。在小东房的前面，尚钺夫妇每年种一些丝瓜、刀豆和苋菜。尤其是在秋天葡萄收获的季节，一大串一大串的紫红色的玫瑰香葡萄被剪下来，放满一个大木桶，全家人一起享受香甜的葡萄，其乐融融。

但好景不长。到1960年代中后期，尚钺夫妇却因为购房的行为遭到批判。据近代史研究专家李新教授（他当时是人民大学党委常委）说，尚钺购置私有住房一事，曾经在常委会上讨论。有人主张开除尚钺党籍，李新和另外一位常委坚持说，开除这样一位老同志的党籍还是应该慎重。会后，李新立即找到尚钺，告诉他必须赶快把甜水井1号的住房按照要求献产。尚钺把房子献出去了，党籍没有被开除，但还是受到了党内纪律处分，撤销党内一切职务，留党察看两年。

之后，尚钺一家搬到了位于铁狮子胡同一号人民大学宿舍内居住。

1968年，尚钺被关进牛棚，阮季被拉去陪斗，尚晓援去内蒙古插队，尚晓航1968年12月初也要去山西插队，家里将只剩下阮季和儿子小卫、小女儿京子。从对尚钺的大批判，到"献产"、党纪处分、关进牛棚、陪同批斗，孩子又一个个插队离开，这些都让阮季感到绝望，最终阮季自杀。十多天之后，尚钺才被批准回家。此时的尚钺老泪纵横，他内心的伤痛无人知晓！可他还要活下去，他还有年幼的孩子，他要抚养他们长大成人！

1968年8月，尚钺远在吉林工业大学任教的第二个儿子尚嘉琦[①]在

---

① 尚嘉琦（1924—1968）：尚钺的第二个儿子，曾在清华大学物理系学习，1949年后曾任武汉团市委学生部部长、宣传部部长、团中央学生部科长。1958年调任吉林工业大学任团委书记、拖拉机系主任、无线电系党总支书记、科研生产处处长、校党委委员。

尚钺与尚晓航、尚小卫

"黑电台"反革命事件中惨遭毒打。1968年10月5日，尚嘉琦悲惨死去。一年多之后，即1969年11月5日，校革委会又作出决议，正式给尚嘉琦戴上了"现行反革命"的帽子，污蔑他"一贯反对战无不胜的毛泽东思想"，"反对解放军，破坏大联合"，"挑动群众斗群众，罪行累累，以自杀抗拒群众的审查"，等等，因此被开除党籍。

敌人用老虎凳都没有整垮的尚钺此时身心俱损，几欲死去。尚晓援回忆说，1970年她从内蒙古回家探亲，一位男生到家里来，到很晚还不走，尚钺大发脾气。事后，尚钺向晓援道歉说："你母亲去世了，如果没有你们这些孩子，爸爸也就和你妈妈去了。"①那一天，尚晓援看到满头白发的老父亲的眼泪一粒一粒往下掉落。

---

① 《尚钺先生》，第228页。

第二十一章　老骥伏枥计程嘶

坚强中的花朵

不问欢乐与痛苦都能够欢欣鼓舞奋勇向前的，才是真正的伟人！

在痛苦的时候高歌《欢乐颂》的人才是真正的强者！

乐观是坚强树上盛开的花朵。

尚钺是坚强的，也是乐观的。

毛佩琦在《尚钺坎坷知多少》一文中有这样一段内容："尚钺和其他一些'牛鬼蛇神'常常从城里被送到西郊去校园接受批判。有一次批判会之后，他们坐在学校灰楼前的大松树下等车回城。几顶纸糊的高帽子放在他们身边，这时，一个小朋友过来天真地问尚钺：'爷爷，爷爷，你戴这个干吗呀？'尚钺坦然地说：'这是人民对我的教育！'说罢一笑。他常劝慰'牛棚'中的难友说：'不用害怕，风暴终究要过去的。要坚定的（地）相信胜利属于人民。'"[①]

一个内心真正强大的人，即便被人误解也会心胸开朗。

---

① 《尚钺先生》，第308页。

李新当时是中国人民大学历史研究所所长，曾亲自主持过批判尚钺的大会，但他跟尚钺始终保持着友谊。他在《一个坚强的共产党员和史学战士——痛悼尚钺同志并纪念他的八十诞辰》一文中写道："由于受到连续不断的批判而神经过于紧张，尚钺同志从六十年代起就长期患病①。在和疾病做斗争中，尚钺同志表现了高度的顽强性。他患了白癜风，脸上和颈上的皮肤变得白一块粉一块，而且逐渐扩大。一次我见了他，同他开玩笑说：'你可面貌一新啦！'他也玩笑似的回答：'面貌是容易改变的，但秉（禀）性难移呀！'说罢，彼此相视而大笑。"②

尚钺终于熬到了1972年，那时，中国人民大学已被迫停办，以原中国人民大学中国历史研究室为基础成立了清史研究小组，郭影秋和尚钺分别担任正、副组长。

1978年，中国人民大学复校，以原中国历史研究室部分同志为班底，成立了中国人民大学中国历史系，尚钺任系主任。他不顾高龄和重病，抖擞精神，孜孜不倦地为中国历史系的教学和建设不懈努力，并着手整理旧日文稿，撰写回忆录，组织人力修订《中国历史纲要》，筹划加工改写《中国通史讲义》。李新回忆说："1979年春节后，我去看他时，他正在修改他的《中国历史纲要》，并向我介绍了他以后的工作计划。我劝他计划宁可小一些，并祝愿他一定能完成计划。不要像范老（文澜同志）那样，壮志未酬而赍志以殁。他听了，一时很动感情。"③

悠悠岁月，慢慢地流到了生命的黄昏，可是尚钺的心始终和年轻时

---

① 指肺气肿。

② 尚钺：《尚钺史学论文选集》，北京：人民出版社，1984年，第11页。

③ 尚钺：《尚钺史学论文选集》，北京：人民出版社，1984年，第11页。

尚钺接受吴晓梅采访

候一样。这时，在历史学界沉默多年的尚钺又开始在报刊上发表文章了。

他在1961年3月写的《有关我国原始社会研究的几个问题》刊于王仲荦主编的《历史论丛》第二辑（齐鲁书社1982年版）；《为〈历史教学〉复刊而作》刊发于《历史教学》1979年第1期；《关于中国古代史分期问题》刊于《中国史研究》1979年第3期；《华岗著〈中国历史的翻案〉序》刊于《文汇报》1980年11月5日；《坚持用马克思主义研究中国历史——重读华岗〈中国历史的翻案〉》刊于《光明日报》1981年4月27日；《也谈历史教学改革》刊于《高教战线》1982年第4期。

除以上历史方面的文章，尚钺还撰写了《忆闻一多》（《光明日报》1980年7月16日）、《囚日》（《革命史资料》1981年第4期）、《〈狂飚〉琐忆》（《新文学史料》1981年第4期）等。

经过岁月的淘洗，尚钺愈发精神矍铄。

他就是一株傲然挺立的遒劲苍松！

再获新生

让尚钺欣慰的是，不仅儿子尚嘉琦冤案于1978年10月得到平反昭雪，而且自己的党龄也得以恢复——中央组织部决定"恢复尚钺同志一九二七年九月至一九四五年十月重新入党前的这段党龄"。

原来，尚钺于1927年9月6日经河南省委宣传部部长汪后之介绍加入中国共产党后一直在白区工作，1932年在满洲省委任常委、秘书长时，因为反对新任书记李实的"左倾路线"而被错误地开除党籍，直到1945年10月由华岗介绍在昆明重新入党。但是之前的"党的关系"一直没有解决，尚钺曾经多次申诉都没有结果。

1950年7月11日，尚钺向中组部部长安子文递交过一份申请，请求参加抗美援朝，接受组织考验，以证明自己的清白。

1962年，宁夏回族自治区有关部门同志姚以壮、袁金璋等先后于4月16日、7月30日致信尚钺来寻找那位当年在宁夏播撒革命火种的尚健庵先生，了解有关情况。

姚以壮的信写道："我是宁夏回族自治区来中央高级党校学习的学生，日前会同宁夏来参加（全国）人大和政协的代表黄执中、袁金璋、雷启霖等先生，他们言您曾在1935年前后到过宁夏，并在宁夏中学和中卫师范任教，那时您曾在地下党组织中担任工作，并介绍过若干青年入党，并且他们还保存有您当时和他们的合影。您当时所介绍之党员（青年学生孟长有等）均遭国民党反动派杀害，关于当时地下党活动情况，再无人得知详细。因此，他们托我和您联系，一则为了与您联系将青年地下党历史情况弄清；二则他们所保存的您与革命烈士的合影已经洗印，拟寄赠您作为纪念。"①

　　袁金璋的信内容更为翔实：

　　　　我是袁金章（璋），民革成员，现担任宁夏回族自治区主任委员，工作在自治区政协，担任副主席。

　　　　我的目的是找着你，给你谈谈孟长有烈士的情况。因为我搜集了有关照片一张，内有你和孟长有烈士，以及姚怀廉、左链、白文玉、刘应春、鲍文德、高维新、赵昌等人。照片是1937年1月照的，照片上有你题写的字："青年的弟弟们，我们的道路只有审思、明辩（辨）而不挠的前进！"

　　　　现在好了，你在致黄执中信中说，想要此照片，并且愿拍后给我们寄来。我很同意。（如要翻洗，将来再把照片交革命烈士馆，因为我区革命烈士陈设的孟长有烈士的事迹不多。）我并且决定明天就赴中卫，趁视察工作的便，再为搜集一下，如有，即可一同寄上，备你用作历史资料之参考。

　　　　据我知道，你曾在中卫常到潘家园子同潘秀峰（钟林）以及有些青年们聚会，并且还在中卫城内雍家楼坊王宝太家中会聚，（王是潘秀峰的岳祖父），后出事，你早知晓。由潘给你顾（雇）皮筏子（即盘子）送出去。后来潘秀峰被捕（当时事实究竟如何？这还是潘在未被捕以前给我说的，所以我不知道真情实况）。我呢，你可能也记得，你在宁夏中学教课时，和丁月秋在宗睦巷结婚时，以

————————————

　　① 魏若华：《尚钺有关史实的若干通信（连载四）·姚以壮致尚钺》，《银川党史》1997年第4期。

及丧子写诗时，我曾和你们接触过。[1]

关于尚钺在宁夏工作的情况一直没有得到证明，姚以壮和袁金璋的来信和照片，以及黄执中都可以证明了。尚钺十分高兴，于是在1963年1月2日就给当时中国人民大学党委成员主管组织与政审工作的李逸三写了一封信。

逸三同志：

过去党委关于我的历史关系的调查，只1936—1938年一段，当时我失去了联系，自"一二·九"运动后，我到宁夏，住在黄执中同志家，当时他是宁夏女中教员。经过一年的摸索（我试着找党的关系）始终没有办法。1937年，我又回到北京，适逢"七七事变"我跑到太原，找到高沐鸿，与山西省委取得联系，知道宁夏有党。山西省委履（屡）次试着派人到宁夏建党，也未成功。因此，叫我先到宁夏，注意发展党的组织，随后他们将把我的关系转到陕北，以便派人联系。我得到党的这个指示后，即（又）回到宁夏试着建立组织。但不久，太原沦落，陕北的关系也未来，又适逢蒋匪派关麟解决宁夏马鸿逵，建立围剿陕北的包围圈。我当时正在中卫二中工作，开始建立起一个学习文艺的小组（实际上是准备迎接我们陕北红军）。当时，中卫为蒋匪占据，隔黄河有我们的军队，我也曾于寒假期间派了一个同学借回家之便，去与我们的红军接头，结果

---

[1] 魏若华：《尚钺有关史实的若干通信（连载四）·袁金章致尚钺》，《银川党史》1997年第4期。

也未找到。就在此时，二中校长贺子贞（贺自政）大概是发现有些可疑。寒假时借口把我解聘，我只得回到宁夏银川市一中任教；不久又建立起文艺研究小组，经常在一起谈论文艺时事，学习政治，勉强又搞了一年，到1938年寒假时，只得借回内地参加抗战为名，离开了宁夏。在离开宁夏之前，我介绍了两个小组中的十几名比较进步的青年到陕北延安去受训。他们黑夜越过草原，到了延安，随即被分配到洛川去受训。这些青年中就有孟长有、冯维藩等，大概孟长有等受训后，又回到宁夏工作，正式建立起党的组织。这两封信中所反映的情况，很不清楚，将来他们来时，我再把详细情况告诉他们。

过去，由于我请求恢复过去的组织关系，独宁夏一段（1936—1938年）无法证明。现在，宁夏党组织为着搞清历史来找我，这段关系可以弄清楚了。我将姚以壮及袁金章（璋）两同志的来信转上，请予调查，并将我1945年以前党的关系重新审查，予以恢复。

特此致以

敬礼

尚　钺

1963.1.2[①]

1964年1月23日，尚钺再次就这一段历史致信中国人民大学党委——"关于恢复我1945年党的关系的补充材料"：

[①] 魏若华：《尚钺有关史实的若干通信（连载四）·尚钺致李逸三同志》，《银川党史》1997年第4期。

1936年春到宁夏，我因要配合党的工作，在宁夏进行革命工作。但经过一年的努力，始终没有发现党在各方面活动的迹象。

1937年，我不得不又回到北京找党，适逢"七七事变"发生。我在北京沦陷后，绕到山西太原，找到山西省委。谈起宁夏情况，知道山西省委曾经两次派同志前往宁夏组党，均未成功。因此，山西省委由高沐鸿同志转告我，到宁夏设法把党组织组建起来。并说，他们把我的关系转到陕北，由陕北直接派同志到宁夏与我接头。我离开太原后不久，山西省也陷入敌手。平型关大战后，我与山西高沐鸿同志的关系也断了，因此，在宁夏等陕北的关系也未等到。

在宁夏经过两年的努力，我在青年学生中由读书会建立起一个约五六人的热情支持找党的小组，其中以孟长有二三人最为坚决。到1938年，我因与中卫第二中学贺自政（子贞、自箴）及其他几位×××、×××发生冲突，在宁夏待不下去，只有南下抗战。同时，我将孟长有几位同志介绍到陕北延安。他们到延安后被分配到洛川中队受训，受训后被党派回宁夏，后来牺牲了。我到宁夏后，与丁月秋同志（我从前的爱人）都住在黄执中同志家，化名黄健庵。

去年（应为前年1962年——笔者注），宁夏为着整理地方党史，曾有一位姓高（即姚以壮）的同志（在高级党校学习）来函询问，及后来我接到袁金章（璋）同志一封信，并告诉我当时所介绍的几位同志牺牲以及后来变动的情况，去年我都交予李逸三同志，请组织审查。

因此，1957年审查我的材料时，党委所提出的三个问题：一、原在开封时介绍我入党的汪后之同志，已于1928年在潢川我们游击队与国民党发生冲突时当即牺牲；二、1932年满州省委开除我党籍的原件，早经送上审查；三、1936年我在宁夏工作的一段情况，过去未有人可作证明，现在有这两封信，也有证明。同时，党委也可以去函宁夏省委调查我在1936—1938年的一段工作情况，并可以索取我在宁夏与孟长有等烈士一起照的照片来查对一下。

　　端此　谨致

敬礼

尚　钺

1964年1月23日[①]

尚钺要求恢复1927—1945年党籍的工作始终没有间断。从这两封信中可以看出尚钺对党忠贞不渝的执着追求。

1981年4月3日，中央组织部给北京市委组织部下发通知后，北京市委组织部于1981年4月6日向中共中国人民大学党委下发通知（京组通字〔81〕25号）：

中共中国人民大学党委：

　　现将中共中央组织部关于恢复尚钺同志一九二七年九月至一九四五年十月重新入党前的这段党龄的批复转发给你们，请通知

① 魏若华：《尚钺有关史实的若干通信（连载四）·尚钺致中国人民大学党委　关于恢复我1945年党的关系的补充材料》，《银川党史》1997年第4期。

尚钺同志。

中共北京市委组织部

一九八一年四月六日

抄送：市委教育工作部

岁月递嬗，往事依稀，随风飘转，都成为陈迹。

痛定思痛，尚钺感慨万千。

1979年，同样经历磨难的谢韬[①]见到尚钺时，二人相对不胜唏嘘。尚钺讲的三句话让他记忆犹新。"一曰：只要小农经济基础存在，就会产生封建性意识，小农最大愿望是出青天大人和好皇帝，叩头拜神，只能跪着，站不起来。二曰：历史客观规律，建立社会主义社会必须建立强大经济基础，高度工业化，社会化大生产，必须走四个现代化的路，方能开辟历史发展的道路。三曰：对'文革'的教训，多难兴邦，民族国家的灾难，不仅要看它的消极面和破坏性，也要看到灾难的教训会推动唤起人民的觉醒，人民会显示自己的力量，突破历史的局限性，改变自己的命运……"[②]

父亲的遗产

尚钺的大女儿尚嘉兰在1999年尚钺去世17周年时写了一篇回忆文章——《父亲的爱》，文章回忆了尚钺对于子女的关爱和教育。尚钺对

---

① 谢韬曾任中国人民大学马列主义教研室主任，1978年后任中国人民大学副校长、中国社会科学出版社副社长、中国社会科学院研究生院第一副院长。

② 谢韬：《纪念尚钺同志诞辰九十周年》，《群言》1992年第7期。

子女既有舐犊之情，又不溺爱孩子，而他对每一位孩子都有细心的关爱，对于身后事包括子女和遗产，安排、处理得细之又细。

尚嘉兰回忆说：

1980年11月，父亲在他青光眼严重、视力模糊、书写颤抖的情况下，于14日写下了他的遗嘱。

在父亲给党委和历史系党总支的信中，对于将要"遗留下来的""所谓财产之类的东西"，做了如下的安排：

……有些还要供给正在学习的孩子们的需用，有的还要留给我继续为国家工作时间的需用和将来遗留给国家，具体地说如保留在人大历史系通史研究组（我希望党委如过去支持我所说的一个工作的地方）。……

我如果说有财产的话，那就是约有一万多册书。这些书，我认为都交给人大历史系中的一个通史研究小组。除了现在散存在晓援等手中一些旧书以外，其余应登记，听通史研究小组的同志们借阅。因这些书的买进是由沙知、昌淦同志等共同收集的，有些已成绝本或孤本，丢掉了就太可惜。

父亲一直念念不忘的遗愿就是编写出版大通史。就在他临终前一天，当从昏迷中醒来就念叨大通史的事。去世的那天早晨，他说话已经不太清楚了，但几次去摸枕头下面，表示要写什么。我们总是劝他安心休养，有什么事好了再说。后来想起来，真是太不该了，没有理解他，帮他完成最后的心愿。原来他枕头下正是他那最后一封未完成的信，是写给校领导要求组织编写出版大通史的。

　　另外，父亲在遗嘱中交代，把他仅有的5000元定期存款的主要部分，留给刚上大学的小女儿京子"作学费及未来用途"，少部分给几个未婚子女结婚用，对于已婚子女及其孩子们的"学习生活，可能会补足些款项，但现在没有，不久将来是一定会有的"。父亲在生命的最后时期，除了工作之外，看来是翻来覆去地把所有人都仔细想过了，尽自己当时所有的可能给予一些帮助。不久，当我们去给韩大成叔叔拜年时，他把父亲去世前投到《历史研究》的一篇文章的稿费交给我们，并且说明是父亲生前交代给他，说由于前次分存款没有给我，就把这稿费给我。这不仅是一篇文章的稿费，这是父亲对所有孩子的爱心，我把它像父亲逝世后得到的其他稿费一样平均分给所有姐妹兄弟。

　　总之，父亲最后的愿望就是出版大通史，也期望着孩子们健康成长，成为献身祖国和人民的有用之才。今天，在父亲辞世17年之时，我们可以欣慰地向他老人家报告：大通史《尚氏中国古代通史》已经于1991年5月，由高等教育出版社出版，并由人民大学历史系推荐，荣获1992年第二届全国普通高等学校优秀教材一等奖。在父亲的大爱滋润下，儿孙们也都健康成长，多数奋斗在教育、科研界；已经离退休的几人，仍然在勤奋地做着各种于国家人民有益的事。[1]

1981年，河南省罗山县筹建革命纪念馆，其中展示陈幼清（又写作

---

[1] 《尚钺先生》，第180、181页。

卿）的事迹，尚钺为纪念馆写下了下面这样两句话和说明。

慈母挥儿责找党，正义永定百年家。

一九三二年，陈昌浩这些党内屠夫杀害了革命志士陈幼卿。幼卿接到我的信泪流满面。她对吾儿嘉芝说："赶快去找党！"

尚钺敬挽1981年12月10日 [①]

1982年1月6日下午，尚钺因病在北京逝世，享年80岁。中国人民大学为他举办了隆重的追悼大会，骨灰安放在八宝山革命公墓。

1982年2月10日，《人民日报》第四版发布消息：《著名马克思主义历史学家尚钺教授逝世》：

（新华社北京2月8日电）我国著名的马克思主义历史学家、中国人民大学历史系主任、北京市政协常委、北京市历史学会副会长尚钺教授，因病于1982年1月6日逝世，终年八十岁。

尚钺同志是河南罗山县人，1927年加入中国共产党，是我党一位久经考验的无产阶级革命老战士。他曾历任豫南特委宣传鼓动部主任、工农革命军四支队党代表、上海《红旗日报》采访部主任、满洲省委秘书长。1943年以后，根据革命的需要和党的决定，尚钺同志长期从事历史研究、教学工作。他用马列主义、毛泽东思想的立场、观点、方法研究中国历史，取得了重要成就，并为培养马克

---

① 毛佩琦：《尚钺坎坷知多少》，载《古今掌故丛书》编辑委员会编《古今掌故（二）》，成都：四川省社会科学院出版社，1987年，第94页。

马克思主义历史学家尚钺

思主义史学人才作出了可贵贡献。[①]

一切尘埃落定，尚钺作为著名的马克思主义历史学家被载入史册！

尚钺一生为了朝圣心中的灵山，艰难跋涉，苦苦追寻，虽历经千辛万苦而无怨无悔！

他最终高擎着火炬屹立于灵山之巅！

良史的忠告

尚钺在史学方面的贡献为史学界所公认。对于尚钺的开创之功，著名历史学家王仲荦在尚钺先生逝世之后，曾赋诗《挽尚钺同志》，概括了尚钺的历史学术贡献，其诗曰：

---

① 《人民日报》1982年2月10日。

尚钺（第二排左五）和中国人民大学专修科史地班毕业生合影

三千桃李列门墙，老树婆娑扑鼻香。

若问门人谁最健，中间粲粲扶余王。

古史自今开草昧，萌芽何必讳清初。

从来学术难定论，且继前贤要著书。①

　　这首诗既称赞尚钺作为教育家桃李芬芳，又充分肯定了他在中国古代史分期方面的学术贡献和地位。

　　尚钺在他生前发表的最后一篇论文《坚持用马克思主义研究中国历史——重读华岗〈中国历史的翻案〉》中有如下论述："马克思主义以其空前未有的姿态进入中国史学领域。它以辩证唯物主义和历史唯物主义的锐利武器给中国史学研究带来了新的生命。""我们应该理直气壮地说，历史研究必须用马克思主义作指导，我们所应抛弃的是那种对马克思主义的歪曲和阉割，我们所反对的是那种把马克思主义教条化、庸俗化的

---

① 《尚钺先生》，第136页。

态度。"马克思主义不是宗派，它不拒绝吸收任何新的科学成果，它是人类一切进步文化的结晶，是客观真理，是任何别的学说所代替不了的。""马克思主义并没有穷尽真理。社会在发展，科学技术在进步，理论也不能停步不前。""坚持马克思主义，坚持理论联系实际，脚踏实地，认真研究。我希望史学园地百花盛开。我们留给子孙后代的，不应该是鏖战之后的残垣断壁，而应该是一座五彩缤纷的大花园。"① 充分体现出一位伟大的马克思主义历史学家的阔大胸怀！

尚钺认为"研究历史是现实的需要"，"为着改造现在和争取将来，必须熟悉过去，对于过去知道得越多研究得越深，就越加懂得现在，也就越加有把握改造现在和预测未来。因为'历史都写着中国的灵魂，指示着将来的命运。'"他进一步指出："历史经验是可以借鉴的，但借鉴不是影射比附，影射比附是历史科学的大害。尽管历史往往和现实'酷似到可怕的程度'但历史毕竟是发展的、前进的，任何时代的历史绝不会完全重演，因而任何影射比附只能是不伦不类的。"同时，他指出"'百花齐放，百家争鸣'是繁荣科学文化的正确方针"，"学术上不应该有权利标准，领导人，包括高级领导人在学术问题上的意见也只能是一家之言，要和不同的意见进行平等的讨论，学术工作者之间更要破除门户之见，提倡一种民主生动的学术研究，让各种意见在不断深入的研究中得到考验"。②

关于如何做一个"良史"问题，尚钺深有感触地说："古代史学家

---

① 转引自杨西光主编《历史科学研究的新历程——1978至1986年〈史学〉专刊文论》，北京：光明日报出版社，1987年，第317—322页。

② 尚钺：《尚钺史学论文选集》，北京：人民出版社，1984年，第16页。

《尚钺史学论文选集》封面

曾要求一个'良史'不仅要具备史才、史学、史识，还要具备史德。我们马克思主义史学家也要有一种史德。我想这就是光明磊落、实事求是的品格。那种善于察言观色，探测风向，是同马克思主义史学家应具有的史德不相容的。"[1]

他强调："一个优秀的历史学家，应该能识别历史发展的方向。他所争的不是'一时之是非'，而是'万事之是非'，所追求的不是一时的荣显，而是客观真理。历史学家研究历史，历史也将考验他们的研究。"[2] 而这一段话，后来被镌刻在中国人民大学历史学院会议室的醒目位置，作为史学研究者的座右铭。

人类的食粮大半是谎言，真理只有这么极少的一点！

① 转引自杨西光主编《历史科学研究的新历程——1978至1986年〈史学〉专刊文论》，北京：光明日报出版社，1987年，第321页。

② 转引自杨西光主编《历史科学研究的新历程——1978至1986年〈史学〉专刊文论》，北京：光明日报出版社，1987年，第321—322页。

尚钺生平及文史年谱简编

尚钺，原名宗武，字健庵。化名谢潘（字仲伍）、丁祥生、聂树先、老聂。笔名钟吾、卜金、语余、依克、克农、子丹等。

1902年

3月

23日，生于河南罗山县城关。尚姓是罗山望族。尚钺父母早逝，由祖母扶养成长。

1907年

祖母把尚钺送入家乡私塾，接受中国传统文化教育。

1917年

尚钺赴开封，入省立二中读书。由担任开封医院院长的伯父尚蘅甫供给费用。

1919年

五四运动爆发。尚钺积极参加了河南省和开封市的反帝爱国运动，组织和参加了河南省国货维持会，做抵制日货的组织和宣传工作。被推选为省立二中学生代表，出席了河南省学生代表大会，担任河南省学生联合会理事及《学联半月刊》的编委和编辑。尚钺是河南省学生运动的主要负责人之一。

冬

曹靖华发起成立中学生进步组织"青年学会"，宗旨是反帝爱国。会员不限地域、性别，参加者除省立二中同学外，还有蒋光慈、宋若瑜等人。尚钺受到影响。

寒假，尚钺回到家乡罗山县城。

1920年

8 月

尚钺与尚伯华等组织的"青年学社"成立。该社本着"读书救国，唤醒民众"的宗旨，创办了《三日报》，其中有一专栏《照妖镜》经常刊登揭露本县豪绅丑恶行为的文章，矛头直指反动势力，产生了很大的影响。

是年，尚钺与陈幼清结婚。

1921年

尚钺在开封继续读书。

是年，长子尚嘉芝出生。

1922年

尚钺于省立二中毕业，考入北京大学预科。尚钺开始旁听鲁迅在北京大学开设的"中国小说史"课程。

是年，尚钺联系从各地回乡度假的同学如尚伯华等青年学社的成员，举办识字学校，办街头墙报，做街头宣传，传播进步文化、进步思想。

1923年

在北平（北京）经尚钺介绍，尚钺的堂姐尚佩秋（1901—1990）与曹靖华认识，并确立恋爱关系。

曹靖华继续在北大旁听俄语，尚钺和曹靖华旁听鲁迅的"中国小说史"，并赴宫门口三条鲁迅寓所聆听教诲。

1924年

秋

尚钺由北京大学预科生升入本科生。尚钺堂哥尚仲衣从清华学校毕业，与周培源等六十七人赴美留学。

12 月

4日，《听音乐后的一个提议》载《晨报副刊》（署名尚钺），这是迄今为止发现的第一篇尚钺刊发在报刊上的文章。

23日，尚钺当选学生会代表。

是年，尚钺的第二个儿子尚嘉齐（琦）出生。

1925年

1 月

15日，《北京大学日刊》载《北京大学学生会通告》（第一号）：尚钺是北京大学学生会宣传股委员。

3 月

17日，《读〈玉君〉之后 》（署名尚钺）载《京报副刊》。

4 月

4日，《野鸡的厄运》（署名尚钺）载《晨报副刊》第75期。

7日，《野鸡的厄运（续，完）》（署名尚钺）载《晨报副刊》第77期。

16日，《顾颉刚日记》（一）载："到校，写尚钺，乃乾，彬龢，逮曾，谢肇基，通伯信。"

5月

4日，《豫报副刊》创刊，随《豫报》（日报）逐日发行。撰稿人有曹靖华、尚钺、徐玉诺、张目寒等，鲁迅也被列为长期撰稿人之一。

7日，《模糊的余影》（小说，署名卜金）载《豫报副刊》第4期。

15日，《小小一个梦》（署名尚钺）、《昨晚独步》[诗歌，5月4日作，（署名钟吾）]载《莽原》第4期。《模糊的余影》（小说，续完，署名卜金）载《豫报副刊》第11期。

23日，《杂感》（杂文，署名尚钺）载《豫报副刊》第19号。

29日，《忠诚的奴隶》（署名尚钺）载《莽原》第6期。

6月

2日，《婴儿的话》（诗歌，署名钟吾）载《豫报副刊》第29号。

4日，《北京大学日刊》载《尚钺启事》。

6日，《放牛去》（小说，署名尚钺）载《现代评论》第1卷第26期。

12日，《碎瓦外的残片》（署名尚钺）载《莽原》第8期。

21日，《猛进》（署名尚钺）载《豫报副刊》第48号。

23日，《小仙人》（署名尚钺）载《民众周刊》（北京）第25期。

22日，《浪漫》（杂文，署名钟吾）载《豫报副刊》第49号。

23日，《浪漫（续完）》（署名钟吾）载《豫报副刊》第50号（原误署49号）。

27日，《努力做"人"》（杂文，署名尚钺）载《豫报副刊》第52号。

30日，《捉麻雀（一）》（署名尚钺）载《民众周刊》第26期。

7月

接编《豫报副刊》。

2日，《苦熬》（杂文，署名尚钺）载《豫报副刊》第58号。

3日，《死女人的秘密》[（法）莫泊桑著，尚钺译] 载《莽原》第10期。

6日，尚钺致信鲁迅（一封）。

7日，《捉麻雀（二）》（署名尚钺）载《民众周刊》第27期。

9日，《相见的话》（杂文，署名尚钺）、《艺术上的箴言》[论文，（德）黑波尔著，钟吾译] 载《豫报副刊》第65号。

10日，尚钺致信鲁迅（一封）。

10日，《八哥儿》（署名尚钺）载《莽原》第12期。

10日，《卑劣的狗》（杂文，署名钟吾）载《豫报副刊》第66号。

12日，《"干"》（杂文，署名尚钺）、《攻击与漫骂》（杂文，署名钟吾）载《豫报副刊》第68号。

14日，《生活与希望》（杂文，署名尚钺）、《兽之国》（杂文，署名钟吾）、《折翅的孤雁》（散文，署名语余）、《情绪》（诗歌，署名卜金）载《豫报副刊》第70号（编号误署为88号）。

16日，《笑》（杂文，署名尚钺）、《杂感》（杂文，署名钟吾）、《观画》（诗歌，署名语余）载《豫报副刊》第72号（编号误为82号）。

18日（误署17日），《奇面国》（杂文，署名尚钺）、《寄失意的朋友》（散文）、《仲秋》（小说）、《杂感》（杂文，署名语余）载《豫报副刊》第74号。

19日，《血光》（小说，署名尚钺）、《寄失意的朋友（续完）》（署名尚钺）载《豫报副刊》第75号。

20日，《水谷》（小说，署名尚钺）载《豫报副刊》第76号。

22日，《皱纹之缘起》（杂文，署名尚钺）、《杂感》（杂文，署名尚钺）

载《豫报副刊》第78号。

24日，《梦幻的路》（署名尚钺）载《莽原》第14期。

25日，《脸的履历》（杂文，署名尚钺）、卜金《小诗一首》（诗歌，署名尚钺）载《豫报副刊》第81号。

27日，《你到底叫我怎样呢？》（戏剧，署名卜金）、《游北海傍晚记》（诗歌，署名语余）载《豫报副刊》第83号。

28日，《一切的主宰》（署名尚钺）、《你到底叫我怎样呢？》（戏剧，续完，署名卜金）、《夜阑时》（诗歌，署名语余）载《豫报副刊》第84号。

30日，《你到底叫我怎么样呢？（续）》（署名尚钺）载《豫报副刊》第86号。

31日，《火星》（杂文，署名尚钺）、《头之云里》（杂文，署名尚钺）、《心的狂笑》（杂文，署名语余）、《别离的简语》（散文）、《你到底叫我怎样呢？（续完）》（戏剧，署名尚钺）载《豫报副刊》第87号。

8月

21日，《奇嘴国——心的狂笑之一》《头之云里——心的狂笑之二》（署名尚钺）载《莽原》第18期。

24日，《一切都过去了》[（法）莫泊桑著，尚钺译] 载《京报副刊》。

28日，《火星——心的狂笑之三》（署名尚钺）载《莽原》第19期。

9月

4日，《脸的履历——心的狂笑之四》（署名尚钺）载《莽原》第20期。

7日，《所记》（署名尚钺）载《京报副刊》。

11日，《学生的梦（一——三）》（署名尚钺）载《莽原》第21期。

18日，《毁灭的脚——心的狂笑之五）》《担子——心的狂笑之六）》

（署名尚钺）载《莽原》第22期。

24日，《北京大学日刊》载《尚钺启事》："我的"词家专集"笔记那位借去了，请速交一斋号房是盼。"

25日，《神经错乱》（署名尚钺）载《京报副刊》。

25日，《皱纹的起源——心的狂笑之七》《兽之国——心的狂笑之八)》（署名尚钺）载《莽原》第23期。

28日，《昨夜独步——读〈志摩的诗〉以后》（诗，署名尚钺）载《京报副刊》。

10月

2日，《冲喜》（署名尚钺）载《莽原》第24期。

6日，《歇后语》（署名尚钺）选载《民众》第40期。

6日、7日、8日，《爱人》（署名尚钺）载《京报副刊》。

13日，《不认识的人》（署名尚钺）载《京报副刊》。

16日，《一块白布》（署名尚钺）载《莽原》第26期。

23日，《鲁迅先生》（署名尚钺）载《京报副刊》。

23日，《奇面国——心的狂笑之九》《一切的主者——心的狂笑之十》（署名尚钺）载《莽原》第27期。

29日，《文化的基础》（署名尚钺）载《京报副刊》。

11月

1日，《等着的梦》（署名尚钺）载《京报副刊》。

3日，《主战的非战》（署名尚钺）载《民众》第44期。

2日、3日、8日、9日、10日、11日，《我错了》（独幕短剧，署名尚钺）载《京报副刊》。

13日，《一对鸽子飞去？》（署名尚钺）载《莽原》第30期。

20日，《头的压力——心的狂笑之十一》（署名尚钺）载《莽原》第31期。

25日，《歌谣的原始的传说》（署名尚钺）载《北京大学研究所国学门周刊》第7期。

12月

1日，《北京大学日刊》载《北京大学布告》之《后开各生现尚未到校应即令其休学一年此布》知尚钺未到学校，休学一年。

24日，《呓语》（署名尚钺）载《新民新报副刊》第20期（星期四）。

是年，《在死人之侧》（署名尚钺）载《狂飚》不定期；《丁大王爷》（署名尚钺）载《狂飚》不定期；《一切都黑暗了》和《生活与希望》（两文均署名尚钺）载《猛进》第26期。

1926年

1月

5日，《观社戏》（署名尚钺）载《国民新报副刊》第28期。

3月

18日，在冲击段祺瑞政府的学生运动中，尚钺勇敢地参加了和反动军警的搏斗。这次事件后，尚钺回到家乡罗山县城。说服了红枪会会首闻开周（尚钺表兄）反正，枪决了河南省伪参议员、罗山县大劣绅方少尧。

7月

尚钺的《鲁迅先生》，收入台静农编《关于鲁迅及其著作》一书，由未名社出版部印行。

10月

10日，《灵魂的乞讨者》（署名尚钺）载《狂飙》第1期。

17日，《灵魂的乞讨者》（署名尚钺）载《狂飙》第2期。

31日，《被羡慕的人》（署名尚钺）载《狂飙》第4期。

11月

7日，《贞姐》（署名尚钺）载《狂飙》第5期。

21日，《山中茶话》（署名尚钺）载《狂飙》第7期。

28日，《病》（署名尚钺）载《狂飙》第8期。

12月

12日，《洗衣妇》（署名尚钺）载《狂飙》第10期。

26日，《谁知道？》（署名尚钺）载《狂飙》第12期。

1927年

1月

9日，《新的时代》（署名尚钺）载《狂飙》第14期。《临死的夫妻》（署名尚钺）载《狂飙》第14期。

16日，《推磨的老徐》《有话大家说·仿模》《伟大的灵魂》（署名尚钺）载《狂飙》第15期。

23日，《乳母》《大家的语丝：挽周作人先生》（署名尚钺）载《狂飙》第16期。

30日，《一件杀案》（署名尚钺）载《狂飙》第17期。

30日，《有话大家说：随笔之一》（署名尚钺）载《狂飙》第17期。

1月，《谁知道？》《被羡慕的人》《山中茶话》《灵魂的乞讨者》《洗衣妇》《病》《真姐》（署名尚钺）载《狂飙汇刊》第1期。

4月

7日，《孤独的拐子》（署名尚钺）载《晨报副镌》第67期。

9月

6日，由汪后之同志介绍，尚钺在开封加入中国共产党，随即在党的开封市委工作，担任过支部书记，做过市委宣传部的工作和省委机关刊物《猛攻》编委。

11月

河南省委为贯彻"八七"会议决议，决定加强豫南的工作，在豫南发动武装暴动，开展游击战争。尚钺受命担任豫南特委宣传鼓动部部长。随之，省委又决定在四望山建立游击根据地，任命尚钺兼工农革命军第六大队第四支队党代表及该地区苏维埃主席。

小说集《病》作为"狂飚丛书"第一（辑）第一种，由泰东图书局出版，1928年5月再版。

12月

河南省委书记易云赴豫南主持召开特委扩大会议。会后，派遣尚钺到京汉路以东发动罗山、光山等县农民群众，举行武装暴动，开展游击战争。公开身份是信阳泗滨中学英语教员。

1928年

1月

9日，尚钺回到罗山进行革命活动。

15日，尚钺的活动被当时驻在罗山的国民党第十二军混成旅发觉，他们将尚钺逮捕。尚钺严守党的机密，后经伯父尚衡甫多方营救，并交2000元给国民党军队，尚钺被允取保释放。这时，豫南特委已遭破坏，当地无法开展工作，尚钺遂到上海寻找党的组织。

4月

尚钺到杭州寻找党的组织，不慎被国民党政府发觉逮捕，关押在国民党公安局拘留所。

5月

《斧背》（短篇小说集，署名尚钺）"狂飚丛书"之二，上海泰东图书局印行，1928年5月初版，1929年2月再版。

《野火》（短篇小说集，署名尚钺）"狂飚丛书"之一种，仅见出版预告。《案》（长篇小说）手稿，在泰东图书局被查抄时没收焚毁，未出版。

是年，第三个儿子海伦出生。

1929年

1月

尚钺被地下党组织保释出狱，乘机逃出杭州，来到哈尔滨。经楚图南同志与组织取得了联系。尚钺被安排在吉林毓文中学，以教书作为公开职业，化名谢潘，号仲武。尚钺任乙班班主任和国文老师，当时金成柱（即后来朝鲜最高领导人金日成）就是这个班的学生。

6月

尚钺在《世界》月刊发表短篇小说《快亮的明天》（署名克农）。

7月

尚钺的《缺陷的生命》（长篇小说）在上海启智书局出版。原署名"克农"，1935年再版。

9月

30日，浙江高等法院训令第七四九七号令院、县为尚钺反革命一案仰严缉由。

12月

2日，河北高等法院检察处发布通令第一六二三号：事关尚钺（即尚宗武）反革命一案。

1930年

1月

27日，由刘少奇、孟坚、饶漱石组成"哈尔滨行动委员会"，下设两个机关：一个指挥中东路斗争，一个指挥其他各种斗争。为加强对哈尔滨和中东路事件斗争的领导，满洲省委先后派邹大鹏、杨先泽（南杨）、尚钺（聂树先、老聂）等来哈尔滨工作。

3月

《鲁迅先生》（署名尚钺）收入李何林编《鲁迅论》一书，由北新书局出版发行。

5月

尚钺由柯仲平等同志介绍，到上海全国总工会任宣传部干事，化名丁祥生。不久，被调到党中央机关报《红旗日报》采访部担任采访记者。接着，尚钺又被调到中央组织部工作，经过审查，恢复了党籍。其后，尚钺被任命为《红旗日报》采访部主任。

9月

尚钺的《巨盗》（中篇小说集）包括《伏法的巨盗》《学潮》《被践踏蹂躏下来的人们》三个中篇小说，由南京书店出版发行。

10月

10日、25日及11月10日，尚钺中篇小说《胜利品》（署名依克）

载《东方杂志》第27卷第19、20、21号。

1931年

1月

17日，尚钺应邀到远东饭店参加何孟雄、李求实、林育南等人召集的党的会议。事情败露，尚钺机智地应付了敌人的盘查，幸免于难。

1932年

1月

30日，在即将到任的满洲省委秘书长聂树先（即尚钺）的主持下，《满洲红旗》在哈尔滨复刊。

2月

5日，哈尔滨沦陷后，《满洲红旗》继续出版，并套色彩印。

4—5月

尚钺化名聂树先，别名老聂，任中共满洲省委常委、秘书长。

5—6月

尚钺任中共满洲省委常委、宣传部部长时，罗登贤任省委书记，杨靖宇（河南省确山县人，原名马尚德，化名张贯一）、赵尚志任军委书记。

6月

24日，中共中央在上海召开满洲、河北、河南、山东、陕西5省代表会议，简称"北方会议"。尚钺认为，在日本已经占领东北的情况下，首先应该武装人民进行抗日斗争。省委不接受尚钺同志的意见，认为他反对省委的决定，要求他做检查。尚钺坚持自己的观点，直到最后被错误地排斥在党外。

8 月

尚钺给李实写了一封信,为了向共产国际中国代表团申诉,尚钺来到苏联远东,在苏联红军第七军政治部第四科做科员。

12 月

1日,《中共满洲省委关于开除聂树先、马龙友、陈德森、关××等党籍的决议》将尚钺开除党籍。

是年,妻子陈幼清在河南老家被张国焘错误秘密杀害。第三个儿子海伦丢失。

1933年

尚钺继续在苏联红军第七军政治部第四科做科员,他一方面继续为党工作,另一方面想借此向共产国际申诉,然而没有结果。

1934年

5 月

尚钺返回祖国继续寻找党的组织未果。在北京,尚钺寄居在其堂兄北大教授尚仲衣家中。后到上海继续寻找党组织。

1935年

4 月

1日,尚钺著《狗的问题》(小说,署名子丹)发表于上海《文学》杂志第4卷第4期。

7 月

15日,鲁迅编选《中国新文学大系·小说二集》,收入尚钺小说《子与父》《谁知道?》,上海良友图书印刷公司印行,1935年7月15日初版。

冬

经高沐鸿介绍，尚钺和北平市委取得了联系。不久，北平市委遭到破坏，联系中断。

1936年

1 月

《歌谣的原始的传说》（署名尚钺）载《北京大学研究年国学月刊》1936年第1期。

3 月

尚钺的堂哥尚仲衣因在"一二·九"运动中支持革命学生而被捕，17天后被保释出狱，后到广东、广西任教，并积极参加抗日工作。尚钺也被迫离开北平。是年夏，在友人的邀约下，丁月秋领着女儿莉莉与尚钺去宁夏工作，丁月秋教宁夏省立女中的艺术和文化课；尚钺暂在家闲住，一方面构思小说《计划》，一方面想法寻找党组织。在宁夏时，尚钺改名尚健庵。

9 月

23日，动笔创作《计划》（长篇小说）。1984年出版时改名《预谋》。

12 月

1日，在宁夏省立女中同事们的建议下，丁月秋与尚钺宣布结婚。

1937年

1 月

5日，尚钺到宁夏中卫二中任教。

6 月

10日，完成《计划》（长篇小说）创作。

7月

尚钺从宁夏到北平，正值七七事变爆发。他又到太原通过高沐鸿寻找党组织。高沐鸿让他到宁夏等候消息。

12月

1日，尚钺长子尚嘉芝因患中耳炎病，延误治疗，病死在一家小卫生院。

1938年

4月

1日，国民政府军事委员会政治部第三厅成立，郭沫若任厅长。不久，尚钺抵达武汉由郭沫若介绍在第三厅任中校科长、图书资料室主任。

7月

16日，尚钺与丁月秋的女儿尚嘉兰出生。

10月

25日，武汉失守前形势更加紧张，第三厅也要从武汉撤离了，尚钺跟随郭沫若一起，保管着文物前往湖南，他们由陆路到了长沙，又转往湖南桃源。尚钺随着第三厅迁往重庆。

1939年

11月

10日，《怀念鲁迅先生》（署名尚钺）载《抗战文艺》第5卷第1期，该文写于10月。

1940年

3月

15日，《周作人速写》（署名尚钺）载《文学月刊》第1卷5号。

10月

10日，鲁迅先生逝世四周年纪念特辑：《我的一段学习生活——纪念鲁迅先生逝世四周年而作》（署名尚钺）载《学习生活》第1卷第6期。

1941年

3月

21日，尚钺遵照党的指示，来到了昆明。

6月

12日，尚钺著《脸皮的造访》（杂文），今存手稿。

8月

由丁月秋的姨侄女婿李影艺介绍，尚钺也到六甲云瑞中学任国文教员。

秋季，尚钺被云瑞中学聘为教导主任。《升钉——一九四一年纪念鲁迅先生》（署名尚钺）载《野草》第3卷第2期。《阶级的新识》（杂文，尚钺著），今存手稿，约写于1941年。

1942年

是年，由楚图南介绍，尚钺到云南大学工作，先后担任讲师和副教授。据《民国三十一年国立云南大学教职员一览表》载："职别：专任教师，姓名：尚健庵，性别：男，年龄：39，籍贯：河南。"

1943年

春

云南大学附中从路南迁回到省城昆明龙头村，经尚钺介绍，抗战初期疏散去缅甸回来的光未然（《黄河大合唱》的作者）和赵沨（声乐教育家）到云南大学附中任教。

暑期

尚钺在云南大学马坊分校理学院任教。

秋

在昆明治病的华岗奉党的南方局指示，与尚钺、楚图南在昆明地区开展进步的文化活动、青年运动、学生运动，对昆明地区的进步运动的发展起了重要作用。

12月

"西南文化研究会"成立，活动地点主要在北门街唐家花园。尚钺、华岗、楚图南、周新民、罗隆基、潘光旦、闻一多、吴晗、费孝通等是"西南文化研究会"的主要成员。

1944年

7月

7日，《真报》第1期载《尚钺为该报之"特约撰述"》。

9月

《释"舌"》（署名尚健庵）载《中山文化季刊》第2卷第2期。

17日，下午中华全国文艺界抗敌协会昆明分会召开第四届会员大会，讨论响应筹募援助贫病作家基金等议案，大会改选出理事闻一多、高寒（楚图南）等15人，候补理事尚钺、李广田等4人。

24日，昆明分会部分理事和在昆明的文艺工作者，在北门出版社召开了一次文艺民主问题座谈会。光未然主持，尚钺与楚图南、李何林、李公朴、章泯等10多人参加。

10月

15日，《论新时期文艺工作者的创造生活——1944年纪念鲁迅先生》（署名尚钺）载《真报》。

19日，在云南大学至公堂举行鲁迅逝世八周年纪念会，到会的有四五千人。尚钺、楚图南、姜亮夫、李何林、朱自清、闻一多依次演讲。会上，尚钺致词，题为《鲁迅生平》。

12月

10日，《论"古"的伪装》（署名尚钺）载《真报》。

30日，在《民主周刊》第1卷第4期上，载有尚钺的《论抗战文艺任务的新发展（上）》，重点是谈鲁迅。

1945年

1月

13日，《论抗战文艺任务的新发展（下）》（署名尚钺）载《民主周刊》第1卷第5期，1945年1月出版。

2月

27日，《云南日报》第3版载："中华职业补习学校举办之文艺讲座第十四讲，敦请云南大学教授尚健庵先生讲《文艺工作者的任务》，讲演日期定二月二十七日、三月一日及三日下午七时，欢迎旁听。"

3月

3日，论态度之一：《态度问题的提出》（署名尚钺），载《评论报》；之二：缺；之三：缺；之四：《文化侵略与奴化》（今存手稿）。

4月

27日，宋云彬访尚钺。宋云彬著《红尘冷眼·昆明日记》（山西人民出版社，2002年出版）载："晨八时赴杨承芳寓所，与房主刘君面治租屋事，刘仍索价六万元，但云可略减，约定午后五时左右彼来开明书店谈妥。归途访朱佩弦、浦江清、尚健庵，均外出未晤见。"

5月

8日，《论新文学的创造》（署名尚钺）载《扫荡报》。

7月

7日，昆明文艺工作者和其他文化工作者，举行了一次"抗战八年来文化运动检讨会"，出席会议的有田汉、安娥、闻一多、尚钺、白澄、楚图南、李公朴、夏康农、潘光旦等30多人。

9月

23日、30日，《新文学的发生、发展及今日——胜利年纪念鲁迅先生》（署名尚钺）载《民主周刊》第2卷第10、11期。

10月

5日，华岗离开昆明前在家里召开了一个小型会议，安排尚钺接替他在昆明的工作。10月，由华岗介绍，尚钺在昆明重新入党。

11月

29日，云南大学教授何珖潘、刘文典、费孝通、尚健庵（尚钺）等67人，发表《劝学生复课书》，载昆明《中央日报》第3版。

12月

1日，昆明发生"一二·一"惨案。费孝通、尚健庵（尚钺）、周新民等71位国立云南大学教职员署名发表《国立云南大学教职员为昆明市学生罢课并受枪击致遭伤亡事敬告各界书》，呼吁：我们对于那些因反内战而遭逮捕殴打枪伤的同学，谨致由衷的慰问，对于那些横遭残杀的同学，表示无上的哀悼；同时希望政府方面循适当的途径，求合理的解决，俾使内战早日停止，学生早日复课，国家民族的前途，实深利赖。

19日，下午3时云南大学在校长公馆楼下会客厅召开会议，讨论通过严惩凶手、保留校长、准备复课等有关事项，尚健庵（尚钺）、周新民、李清泉、张其濬、方国瑜、楚图南、白寿彝、费孝通、黄万杰等多名知名教授参加。

《文艺工作者怎样实践民主运动的任务》，尚钺著，今存手稿，无年月。《"五四"发扬了中国文艺上的人民精神》，尚钺著，今存原稿，无年月。

1946年

《民国三十五年国立云南大学教职员一览表》载："职别：副教授，姓名：尚健庵（尚钺），性别：男，年龄：43，籍贯：河南罗山，到校年月（民国）：三十年八月。"

是年，尚钺任云南大学文史系教职，开大一国文课之文学评论等。

1月

王明、樊开祥、彭尔莹等同学返回个旧后，办起了失学青年"文化补习学校"，并建议地方文化协进会请旅昆同乡会出面，邀请联大、云大部分教授到个旧帮助修撰县志。楚图南、尚健庵（尚钺）、李何林、闻一多等受到邀请。

10日，尚钺在"昆明教育文化界致电政治协商会"上具名，署名者共194人。

15日，《我们所希望于政治协商会议的》（署名尚钺）载《妇女旬刊》（昆明）第1卷第7期。

20日，《政协会议的重大难关——评国民党代表对重庆政府改组的基本观点》（署名尚钺）载《民主周刊》第2卷第24期，后又载《民主周刊（北平）》第2期。

30日，《政协会的重大难关》（署名尚钺）载《民主周刊》（北平版）第2期。

30日，《如何解决国大代表问题》（署名尚钺）载《民主周刊》第2卷第25期。

2月

11日，《论今日中国的妇女问题》（署名尚钺）载《妇女旬刊》（昆明）第1卷第9期。

3月

15日，《东北问题的正确理解》（尚钺、黎民子、杨宁合著）1946年3月15日由民主周刊社初版，各大书店经售。

4月

14日，昆明分会召开大会改选理监事，尚钺选为研究部正主任。

25日，《控诉国民党反动派破坏民主和平毁灭人道的暴行——抗议南通惨案》（署名尚钺）载《民主周刊》第3卷第7期。

5月

《枪声》（署名尚钺）载《人民艺术》1946年创刊号。

2日，《当前青年的任务》（署名尚钺）载《民主周刊》第3卷第8期。

6月

1日，《思想自由和个性发展》（署名尚钺）载《民主周刊》第3卷第12期。

16日，《解铃还是系铃人》（署名尚钺）载《民主周刊》第3卷第14期。

7月

中旬，尚钺在云南基督教青年主办的文学系统演讲中承担第八讲，题为《朗诵诗的起源及发展》。可见他在研究历史的同时对文学还是很关心的。

11日，国民党反动派杀害李公朴；15日，又杀害闻一多，是为"李闻惨案"，尚钺挺身而出保护闻一多先生未寒遗体，并救治其家人。

8月

8日，在党的关怀下，尚钺和楚图南、张奚若、赵沨等人同机转移到上海。

9日，《黄炎培日记·第九卷》载："9日，星期五，晴。民盟同志楚图南（滇支部主席，云大教授）、尚健庵（钺，云大教授）、赵沨（支部秘书）自昆飞到，述李、闻案经过及事后甚详。招君劢、伯钧及吴晗、叶笃义来，共谈，共午餐。"

25日，上海文化界郭沫若、茅盾、田汉、许广平、胡风等40余人举行会餐，为周扬北返饯行。新从昆明来的吴晗、尚钺、楚图南等先生被邀讲话，介绍昆明情况和李公朴、闻一多被杀害经过。

10月

17日，《学习鲁迅的顽强精神》（署名尚钺）载《文萃》第2卷第2期。

11月

14日，尚钺经海道北上，到达山东解放区。

12月

5日，尚钺参加山东大学三期开学典礼。

1947年

7月

5日，《尚钺》（署名天行）载《人人周报（上海）》第1卷第9期，介绍尚钺文学创作等情况。

是年，尚钺任解放区山东大学教授。

1948年

尚钺转赴华北解放区。

2月

6日，《东北日报》第3版，载《名教授尚钺盛赞解放区》，介绍尚钺到达解放区的感受。

7月

尚钺任华北大学二部史地系主任、教授。

8月

7日，华北地区人民代表大会在河北石门召开。尚钺作为蒋管区代表出席了大会。大会历时13天，8月19日晚闭幕。

9月

11日，《民盟盟员尚钺先生——华北人民代表介绍之三》载《新华社电讯稿》第90期。

1949年

3月

尚钺随华北大学进入北平。

7月

1日，中国新史学研究会筹备会在北平正式成立。推举郭沫若为主席，吴玉章、范文澜为副主席。发起人有尚钺、华岗、楚图南、周谷城、唐兰、陈垣、侯外庐、翦伯赞、吴晗、郑振铎、郑天挺等50人。

8日，《文汇报》载《新史学会筹备会在平正式成立》，报道了这一消息。

9月

4日，楚图南、尚钺访顾颉刚。《顾颉刚日记》（六）载："楚图南、尚钺来。"

是年约6月，尚钺与丁月秋被北京市人民法院判处离婚。

1950年

2月

中国人民大学筹备期间，尚钺任教育研究室研究员兼史地组组长。

7月

11日，尚钺曾向中组部部长安子文递交过一份申请，请求参加抗美援朝。

10月

中国人民大学成立，尚钺历任中国历史和中国革命史教研室中国史组长，中国历史教研室副主任、主任，并担任中国科学院哲学社会科学部历史研究所学术委员、北京市政协常委等职。

12月

1日，尚钺的《田中义一奏折的主要内容是什么？所谓"大陆政策"

为什么是侵华政策？它和今天美帝的侵华政策有没有本质上的不同？》（学术问答）载《新建设》第3卷第3期。

是年，尚钺与阮季结婚。

1951年

1月、3月

《关于编写与讲授本国史的指导原则》（署名尚钺）载《新建设》第3卷第5、6期，1951年1月、3月出版。

5月

1日，尚钺的《中国私有制起源于何时，当时的生产关系怎样？》（学术问答）载《新建设》第4卷第2期。

6月

29日，尚钺与中国人民大学专修科史地班毕业生合影。

是年，尚钺与阮季的第一个女儿尚晓航出生。

1952年

是年，尚钺加入中国作家协会，成为中国作家协会会员。

1953年

5月

14—17日，魏宏运随郑天挺赴北京，走访在中国历史博物馆工作的沈从文、在故宫博物院工作的单士元、在人民大学任教的尚钺。

5月，《我们为什么要学历史？》（署名尚钺）载《历史教学》第5期。

是年，尚钺与阮季的第二个女儿尚晓援出生。

1954年

2月

《我对总路线的体会》（署名尚钺）载《历史教学》第2期。

3月

《总路线对历史科学的伟大贡献》（署名尚钺）载《历史教学》第3期。

8月

《中国历史纲要》由人民出版社初版。（有河北教育出版社2000年初版、2001年再版；2019年1月，民主与建设出版社初版；国外先后出现了《中国历史纲要》的日、俄、波兰、朝鲜文等几种译本。）

9月

《中日甲午战争中美帝帮助日本侵略中朝的影响和教训》（署名尚钺）载《中日甲午战争论集》，五十年代出版社1954年9月出版。

1955年

1月

《中国历史纲要》由人民出版社再版。

11日，《顾颉刚日记》（七）载："到科学院，开'考据在历史学及古典文学研究工作中的地位和作用'会，自二时半至五时半。乘尹达汽车归。""今日同会尹达、向达、尚钺、白寿彝、周一良、邓广铭、张政烺、王重民、田余庆、王崇武。"

3月

5日，下午，尚钺参加中科院胡适思想批判历史组会。《顾颉刚日记》（七）载："到科学院，参加胡适思想批判历史组会，自二时至六时。予发言一小时。与季龙、王爱云同车返……今日同会：共三百人。

尹达（主席）、刘大年、范文澜、尚钺、徐炳昶、陈梦家、陆志韦、向达……"

4月

《中国历史纲要》由人民出版社第三次印刷。

尚钺著《明末清初学术思想的发展及其演变》，后收入《中国资本主义关系发生及演变的初步研究》由（北京）生活·读书·新知三联书店出版。

5月

17日，下午，尚钺参加中科院讨论吕振羽的《胡适派主观违心主义历史观批判》一文。《顾颉刚日记》（七）载："到科学院，开会，讨论吕振羽《胡适派主观违心主义历史观批判》一文，自二时至六时。与昌群同乘汽车归。""今日同会：翦伯赞（主席）、吕振羽、胡绳、刘大年、侯外庐、白寿彝、周一良、陈垣、张政烺、尚钺……约五十人。"

6月

4日，《顾颉刚日记》（七）载："今日静秋见报上发表科学院学部委员名单无予名，颇责备予之不进步，以致被摈。""观党中历史学界如尚钺、嵇文甫、华岗等尚不在内，更何论于予耶！"

27日，《人民日报》载尚钺著《消灭反革命分子，保证祖国建设的胜利》。

《清代前期中国社会之停滞、变化和发展》（署名尚钺）载《教学与研究》（北京）第6期。

《中国资本主义生产因素的萌芽及其增长》（署名尚钺）载《历史研究》第3期。

尚钺辑《奴隶社会历史译文集》，卷首有《编者的话》，（北京）生活·读书·新知三联书店出版。

7月

《清代前期中国社会之停滞、变化和发展》（续完）（署名尚钺）载《教学与研究》第7期。

8月

尚钺辑《封建社会历史译文集》，卷首有《编者的话》，（北京）生活·读书·新知三联书店出版。

是年，大型《中国通史讲义》（尚钺主讲）中国人民大学油印本。（1991年5月更名为《尚氏中国古代通史》，由高等教育出版社出版。）

是年，尚钺与阮季的儿子尚小卫出生。

1956年

2月

《我国伟大的历史学家——司马迁》（尚钺作于1955年12月30日，署名尚钺）载《教学与研究》1956年第2期。

16日，据《顾颉刚日记》（八）记载，尚钺在第二历史所参加学术委员会。同会同席者有顾颉刚、侯外庐、向达、邵循正、陈垣、白寿彝、季羡林、郑天挺等。

4月

《如何理解历史人物、事件和现象》（署名尚钺）载《教学与研究》第4期。

《中国资本主义关系发生及演变的初步研究》（尚钺著）收录《中国资本主义生产因素的萌芽及其增长》《清代前期中国社会之停滞、变化和发展》《明末清初学术思想的发展及其演变》3篇文章，（北京）生活·读书·新知三联书店出版。

6月

28日下午，尚钺到全国文联会议厅参加第一次"琵琶记"讨论会，并做《"琵琶记"的时代——在第一次"琵琶记"讨论会的发言》的演讲。

7月

5日，尚钺与中国人民大学国民经济史教研室第一届毕业研究生合影。

7月，《先秦生产形态之探讨》（署名尚钺）载《历史研究》第7期。

9日，据《顾颉刚日记》（八）记载，尚钺参加高教部审订文史教学大纲会议，先秦两汉史组有顾颉刚、张政烺、徐中舒、刘节、田余庆等。

16日，尚钺参加历史第一所第一次所务会议，自上午9时至下午1时。参加的人员还有郭沫若、尹达、翦伯赞、邓拓、徐中舒、张政烺、谭其骧、周谷城、周一良、唐兰、唐长孺等。

是年夏，尚钺在北戴河疗养。

是年，《笔谈百家争鸣》(任继愈、尚钺、侯学煜、孙敬之、杨鉴初、胡先骕、梁希、苏步青、李宪之作）载《科学通报》第8期。

1957年

3月

25日，范文澜应北京大学历史学家翦伯赞邀请在北京大学主讲《历史研究中的几个问题》，批评尚钺主编的《中国历史纲要》是一部教条主义的著作。

30日，《文汇报》第二版专题报道了这次讲座的情况，标题是《范文澜纵论史学研究方法》。

3月，尚钺著《〈明清社会经济形态的研究〉序言》收入《明清社会经济形态的研究》，由上海人民出版社1957年3月出版。

3月，尚钺著《〈中国资本主义萌芽问题讨论集〉编者的话》收入中国人民大学中国历史教研室编的《中国资本主义萌芽问题讨论集》，由（北京）生活·读书·新知三联书店出版。

5月

2日，尚钺应邀在苏州江苏师范学院历史系师生及苏州市中学历史教师座谈会上讲话，讲话题目是《关于研究历史中的几个问题》，对范文澜进行反驳。后来，收入历史研究编辑部印的《尚钺批判》。

7日，《文汇报》载《就"中国历史纲要"一书内容：尚钺答范文澜批评》的报道。

是年，尚钺著《对刘大年同志批评的几点商榷》，由中国人民大学出版油印本。《与刘大年同志谈谈学术批评》写于1957年，1958年4月投稿《历史研究》，该刊未发表，但将其打印成册，后收入《尚钺批判》。

1958年

4月

22日，尚钺致信刘大年。

6月

25日，尚钺致信刘大年。

7月

尚钺著《〈中国奴隶制经济形态的片断探讨〉序言》载《中国奴隶制经济形态的片断探讨》，由（北京）生活·读书·新知三联书店1958

年7月出版。

8月

尚钺著《〈中国封建经济关系的若干问题〉序言》载《中国封建经济关系的若干问题》，由（北京）生活·读书·新知三联书店1958年8月出版。

1959年

3月

6日，据《顾颉刚日记》（八）记载，顾颉刚到北京医院打针遇到陈慧、尚钺、屠思聪。

13日，顾颉刚到前门饭店访晤尚钺、杨品泉等。

4月

16日，《曹操在中国古代史上的作用》（署名尚钺）载《文汇报》。

7月

《有关中国资本主义萌芽问题的二三事》（署名尚钺）载《历史研究》第7期。

8月

10日，《踏实钻研与坚持真理》（署名尚钺）载《光明日报》。

10月

1日，《发扬学术民主》（署名尚钺）载《文汇报》。

11月

1日，《中国史学工作应如何跃进？》（署名尚钺）载《文汇报》。

12月

27日，《有关中国资本主义萌芽问题的二三事》（署名尚钺）载《新华半月刊》第24期。

《明清之际中国市民运动的特征及其发展》（尚钺与郑昌淦合著），见中国人民大学第七次科学讨论会文件，铅印本。

1960年

1月

26日，《人民日报》发表黎澍文章：《百家争鸣和思想斗争》。文章对史学家尚钺发表在1959年8月10日《光明日报》的《踏实钻研与坚持真理》一文作了批驳。黎澍最后指责尚钺是一个反马克思主义的私人科学的制造者，是要利用百家争鸣来扩大自己的市场。

2月

27日，《踏实钻研与坚持真理》（署名尚钺）载《新华半月刊》第4期；《中国史学工作应如何跃进？》（署名尚钺）载《新华半月刊》第4期。

4月

历史研究编辑部编辑的《尚钺批判》（第一辑）白皮书印出。

6月

6日，据《顾颉刚日记》（九）记载，顾颉刚到北京医院就诊理疗遇到尚钺、竺可桢等。

是年，尚钺受到处分。《中国原始社会史问题的探讨本》油印本，写于1959年以后。

1961年

尚钺与阮季最小的女儿京子出生。

1962年

宁夏回族自治区有关部门姚以壮、袁金璋等同志先后于4月16日、

7月30日致信尚钺，寻找这位当年在宁夏播撒革命火种的尚健庵先生，了解有关情况。

6月

21日、22日，《山顶洞人的生产工具为什么这样少？》（署名尚钺）载《光明日报》。

8月

《关于中国无产阶级发生、发展及形成的问题》（署名尚钺）载《新建设》第8期。

是年，尚钺著《中国资本主义萌芽问题的探索》，中共中央高级党校1962年铅印本。

是年，尚钺问题被甄别。

1963年

1月

2日，尚钺给当时中国人民大学党委成员主管组织与政审工作的李逸三写了一封信，要求恢复入党时间。

9月

20日，《〈织工对〉新探》（署名尚钺）载《新建设》第9期。

10月

31日，据《顾颉刚日记》（九）记载，中国科学院哲学社会科学部委员会第四次扩大会议学科分组名单（摘要）之历史三组（五十人）有尹达、吴晗、侯外庐、夏鼐、唐兰、尚钺、邓广铭、叶企孙、顾颉刚等。

1964年

1月

23日，尚钺再次就自己1936—1938年这一段历史致信中国人民大学党委，提交"关于恢复我1945年党的关系的补充材料"。

2月

22日，隆重举行"恢复吉林毓文中学校名典礼大会"。中共吉林省委书记，中朝友好协会吉林省分会会长富振声，吉林省副省长周克，中共吉林市委第二书记辛程，吉林市市长崔次丰、副市长高诚、马宜麟参加了大会。由郑一善率领的朝鲜新德学校代表团应邀参加了典礼。中国人民大学历史系主任尚钺教授应邀也专程前往参加典礼。

24日，《人民日报》《光明日报》《吉林日报》同时报道了吉林毓文中学复名的消息。

24日，作为毓文中学的校友的尚钺、李玉纯为毓文中学题词留念：祝母校健康地成长，随祖国建设的发展，日益壮大，为培养坚强的革命接班人，做出优异的成绩！并祝中朝两国人民战斗友谊，万古长青！

6月

15日，《有关历史人物评价的几个问题》（署名尚钺）载《历史研究》第3期。

尚钺著《屈原及离骚注抄本》，中国人民大学语言文学系1964年油印本。

1965年

尚钺著《不许用民族矛盾掩盖阶级斗争》，中国人民大学中国历史教研室近代史研究班刘达永等人参与本文起草。载《前线未定稿》第2

期，原署史宏畴。

1966年

"文化大革命"爆发，尚钺的身心和家庭再次受到严重摧残，但他始终保持一个共产党员的清醒的政治头脑，他对党和国家的前途充满信心，表现了高度的革命乐观主义精神。

1968年

2月

8日，尚钺复信侄儿尚逸（尚伯华儿子），回忆当年在罗山县创立青年学社，开展革命活动的情况。

10月

5日，尚钺远在吉林工业大学任教的第二个儿子尚嘉琦去世。

12月

第三任妻子阮季去世。

1970年

7月

10日，尚钺与中国人民大学历史系中国史毛泽东思想学习班合影。

1972年

中国人民大学停办，以原中国人民大学中国历史教研室为基础成立了清史研究小组，郭影秋、尚钺分别担任正、副组长，是为中国人民大学清史研究所前身。

1978年

中国人民大学复校，以原中国历史教研室部分同志为基础成立历史系，尚钺任系主任。他不顾高龄和重病，仍孜孜不倦地为中国历史的教学和研究努力工作，并着手整理旧日文稿、写回忆录，同时组织人力修订《中国历史纲要》，编写《中国历史纲要续编》和筹划加工改写大型《中国通史讲义》。

1979年

1月

《为〈历史教学〉复刊而作》（署名尚钺）载《历史教学》第1期。

4月

14日，廖沫沙作诗《赠尚钺同志》（1978、1979年其住朝阳医院时，尚钺亦住院治病，因而时常相与谈笑）：鹤发童颜尚未老，桑榆好伴有妈妈。常年不断吃水饺，馈我新鲜绿豆芽。

15日，尚钺《权作一笑赠沫沙》诗：病房邂逅廖沫君，整日笑语胜无声。饺子春深亦佳味，内人更炒豆芽新。

6月

《怀念鲁迅先生》又收入《鲁迅回忆录》二集，上海文艺出版社1979年6月出版。（该文曾收入《忆鲁迅》，人民出版社1956年10月出版。）

9月

《关于中国古代史分期问题》（署名尚钺）载《中国史研究》第3期。

1980年

2月

《中国历史纲要》，人民出版社第二版第四次印刷。

7月

16日，《忆闻一多》（署名尚钺）载《光明日报》。

8月

《优秀战士和同志闻一多》（署名尚钺）收入《闻一多纪念文集》，并由（北京）生活·读书·新知三联书店出版。

9月

尚钺著《怀念无产阶级革命史学家老战友华岗同志》，收入刘培平主编《战士·学者·校长：华岗同志百年诞辰纪念文集》。

11月

5日，《华岗著〈中国历史的翻案〉序》（署名尚钺）载《文汇报》。

14日，尚钺写下了他的遗嘱。

1981年

1月

《〈中国历史的翻案〉序》（署名尚钺）载《新华文摘》第1期。

3月

《有关我国原始社会研究的几个问题》（署名尚钺）收入王仲荦主编《历史论丛》第二辑，齐鲁书社1981年3月出版。

4月

3日，中共中央组织部以〔81〕组建字214号文件通知中共北京市委组织部，同意恢复尚钺1927年9月至1945年10月重新入党前的这段党龄。

6日，北京市委组织部向中共中国人民大学党委下发通知（京组通字〔81〕25号），恢复尚钺同志1927年9月至1945年10月重新入党前的这段党龄。

27日，《坚持用马克思主义研究中国历史》（署名尚钺）载《光明日报》。

11月

22日,《〈狂飙〉琐忆》(署名尚钺)载《新文学史料》第4期。

《囚日》(署名尚钺)载《革命史资料》第4期。

12月

10日,1981年,河南省罗山县筹建革命纪念馆,其中展示陈幼卿(即陈幼清)的事迹。尚钺为纪念馆写了说明。

是年,《记美国大使馆麦尔伯武官的一次谈话》载《北京盟讯》第3期。

1982年

1月

6日下午,尚钺因病在京逝世,享年80周岁。中国人民大学为他举行了隆重的追悼大会,其骨灰安放在八宝山革命公墓。

后　记

　　尚钺是从大别山麓走出去的马克思主义历史学家、无产阶级革命战士、文学家、教育家，河南罗山人，1922年考入北京大学，是鲁迅的学生。他早年加入莽原社、狂飙社，创作了小说等文学作品，出版小说集《病》《斧背》《有缺陷的生命》《巨盗》，得到鲁迅肯定。他于1927年加入中国共产党，从此走上革命道路，为了革命，他两次被捕入狱，受尽折磨，坚强不屈，表现出大无畏的革命精神。他播撒革命火种，影响培养出金日成、孟长有等优秀人才。由于革命工作需要，他从事历史教学与研究，不仅出版《中国历史纲要》这部历史研究的扛鼎之作，还培养出戴逸、王忍之、李文海、毛佩琦等至今仍然活跃在历史学界的学者、专家。

　　我于十多年前开始搜集关于尚钺的资料，并得到韩石山老师和吕东亮、贾华、尚新健、韩贤友和银川党史办李姣、毓文中学修海霞等诸多友人的帮助，又有幸通过中国人民大学教授毛佩琦先生，与尚钺哲嗣尚小卫教授取得联系。通过电话、微信等方式采访尚小卫教授，进一步了解到尚钺先生一些鲜为人知的事迹，为我写作该书开阔了视野。怎奈条件限制，还有一些材料没法见到，成为我写作此书的憾事。可喜的是尚小卫教授应邀专门为此书写了一篇回忆文章作为序言，丰富了内容，弥补了不足。

　　我写传记纯属业余，不图名利。几十年来，我自费搜集资料，写作出版徐志摩、赵清阁、凤子、陈西滢以及孙叔敖、熊庆来、胡佩兰等人物传记。传主经历传奇，贡献卓著，是励志楷模，为他们树碑立传，目的是激励后学，成就辉煌。但愿我多年努力，能收到一二效果。

由于尚钺先生的特殊经历和他对中国现代文学、中国历史的特殊贡献，他的影响是深远的，关于他的资料的挖掘是艰难的，我对于他著作的研读、辨识更是浅薄的，甚至有错误的地方。写作本书意在抛砖引玉，希望更多的人关注尚钺、研究尚钺，学习尚钺为真理执着追求的精神！

感谢蔡瑛、李勇军、张剑英等诸位老师，他们提出了许多宝贵意见和建议，并促成了该书顺利出版。

感谢高天星、沈卫威、骆玉安等诸多师友多年的关心、鼓励和支持！

张彦林于德珍楼

2022 年 11 月 16 日